Steuerberater steuern Steuern anders

Von
Steuermännern, Schirmherren
und Pfadfindern
beiderlei Geschlechts

Ein hintersinniges Loblied
auf ihre Freuden und Leiden
gesungen von
Hans Martin Schmidt und
Walter Hanel

Verlag
Dr. Otto Schmidt
Köln

Die Deutsche Bibliothek – CIP-Einheitsaufnahme

Schmidt, Hans-Martin:
Steuerberater steuern Steuern anders : von Steuermännern, Schirmherren und Pfadfindern beiderlei Geschlechts ; ein hintersinniges Loblied auf ihre Freuden und Leiden / gesungen von Hans Martin Schmidt und Walter Hanel. – Köln : O. Schmidt, 1997
ISBN 3-504-01899-2

Verlag Dr. Otto Schmidt KG
Unter den Ulmen 96–98, 50968 Köln
Tel.: 02 21/9 37 38-01, Fax: 02 21/9 37 38-9 21

© 1997 by Verlag Dr. Otto Schmidt KG

Das Werk einschließlich aller seiner Teile ist urheberrechtlich geschützt. Jede Verwertung, die nicht ausdrücklich vom Urheberrechtsgesetz zugelassen ist, bedarf der vorherigen Zustimmung des Verlages. Das gilt insbesondere für Vervielfältigungen, Bearbeitungen, Übersetzungen, Mikroverfilmungen und die Einspeicherung und Verarbeitung in elektronischen Systemen.

Das verwendete Papier ist aus chlorfrei gebleichten Rohstoffen hergestellt, holz- und säurefrei, alterungsbeständig und umweltfreundlich.

Umschlaggestaltung: Jan P. Lichtenford, Mettmann
Satz: ICS Communikations-Service GmbH, Bergisch Gladbach
Herstellung: Bercker Graphischer Betrieb GmbH, Kevelaer
Printed in Germany

Inhaltsverzeichnis

Vorwort   Seite
oder Von der Schwierigkeit, Steuerberater(innen)
zu karikieren 9

I. Der Steuerberater als Steuermann/Steuerfrau oder Vom Beherrscher der Steuern 13

Von Schiffen und Booten 14
    Steuerflotte – Rettungsboot – Lotsendienst 14
    Vom Fern-Steuern 20
    Wer steuert hier eigentlich? 22

Von herrscherlichen Eigenschaften 24
    Der Zahlenknecht/die Zahlenmagd 24
    Der Stiftsherr/die Stiftsfrau 26
    Der Herr/die Herrin der Daten 28
    Der Endlos-Schreiber 30
    Der Paragraphen-Dompteur 32
    Die Weißmacherin 34
    Der Ritter ohne Furcht und Tadel 36
    Der Mann/die Frau mit den mindestens zwei Gesichtern 38

II. Der Steuerberater als Schirmherr/Schirmfrau oder Vom Beschützer der Steuerpflichtigen 41

Von schützenden Schirmen 42
    Regenschutz-Sonnenschutz-Sichtschutz 42
    Der Schirm als Auffänger 46
    Der Schirm als Waffe 48
    Der Schirm als Zierde 50

Von beschützenden Eigenschaften 52
    Die Beichtmutter 52
    Der Psychotherapeut/die Psychotherapeutin 54
    Der Knappe des Spesenritters 56
    Der Beifahrer 58
    Der Lastenträger 60
    Der Hintertürsteher 62
    Der Damoklesschwertbeweger 64
    Die Schutzpatronin 66

III. Der Steuerberater als Pfadfinder(in) oder Vom Entdecker des Steuersparens 69

Von Schnellstraßen und Wegscheiden 70
Von Dschungeln und Labyrinthen 74
Von Oasen und Paradiesen 78

Von findigen Eigenschaften 82
    Der Scout 82
    Die Trainerin 84
    Der Bastler 86
    Der Brückenbauer 88
    Der Bergführer 90
    Die Rutengängerin 92
    Der Jongleur 94
    Der Führer zum Gelobten Land 96

Nachspiel
    oder Warum eine Regenschirm-Steuer oder eine Wasserstiefel-
    Steuer die Steuerberater nicht arbeitslos machen wird 98

Ausblick
    Babylonische Sprachverwirrung 104
    – oder Entwicklung zu höherer Komplexität? 106

Vorwort
oder Von der Schwierigkeit, Steuerberater(innen) zu karikieren

Es ist eine durchaus berechtigte Frage: Gibt es irgendeinen vernünftigen Grund, *warum* man Steuerberater *karikieren* könnte, sollte, dürfte?

Sie tun ihre Arbeit – in aller Regel – diskret, kompetent, im Rahmen der geltenden Gesetze. Sie leisten „nur" Dienste und wollen – mit Recht – nicht im „Licht der Öffentlichkeit" stehen. Und einen „lächerlichen" Beruf haben sie schon gar nicht.

Wer wollte es jedoch bestreiten: Ohne Steuerberater würden die Steuereinnahmen nicht so relativ geregelt in die öffentlichen Hände fließen, und ohne sie würden sich viele Steuerpflichtige schutzlos fühlen. Steuerberater haben also einen *Beruf mit hoher gesellschaftspolitischer Relevanz.*

Vor allem aber haben die Steuerberater einen *Beruf,* der mit Geld, manchmal sogar *mit viel Geld zu tun* hat, und sie haben dabei einen „natürlichen" Konkurrenten, die mächtige Finanzverwaltung, die an fast jeder Einnahme des Mandanten unbedingt partizipieren möchte. Der Freiberufler Steuerberater ist also immer wieder – so oder so – auf so etwas wie Erfolg angewiesen und kann schon deshalb sein Licht nie ganz unter den Scheffel stellen, selbst wenn er's möchte.

Aus beiden Gründen ist der Steuerberater – ebenso wie der Arzt, der Richter und Rechtsanwalt – grundsätzlich *karikatur-würdig.* Das heißt, der berufsmäßige Karikaturist kann gar nicht anders, als auch diesen Repräsentanten des öffentlichen Lebens (in gemeinsam mit seinem Ko-Autor erfundenen Bildern) auf seine spitze Feder zu nehmen und dabei – natürlich – nach Kräften zu übertreiben (caricare heißt nämlich „überladen").

Daß dabei eher ein *Loblied* denn ein Zerrbild herausgekommen ist, hängt wohl damit zusammen, daß die Autoren selbst zu genau wissen, wovon sie schreiben und zeichnen: Sie sind selbst Steuerpflichtige und Steuerberatungsbedürftige und können sich, sensibel wie sie sind, in ihren Dienstleister Steuerberater durchaus hineinversetzen: Er, der Zahlenmensch, hat nämlich – selbstverständlich – auch Gefühle, er erlebt – ganz unmittelbar – Freud' und Leid nicht nur seiner Auftraggeber, sondern auch seiner eigenen konfliktgeladenen Arbeit. Mal gehört er zu den Gewinnern, mal auch zu den Verlierern. Und mal werden seine Möglichkeiten über- und mal unterschätzt.

Das alles ist Grund genug, das Loblied mit *Hintersinn*, d. h. nicht ohne Ironie, zu singen: Der „Beherrscher der Steuern", der „Beschützer der Steuerpflichtigen" und der „Entdecker des Steuersparens" ist im Grunde oft genug ganz schön ohnmächtig, und das weiß er selbst nur zu genau.

Hintersinnig ist natürlich auch die Aussage des *Buchtitels:* Nicht immer, aber sehr oft steuert der Steuerberater anders – anders als der beamtete „Steuermann" auf der Gegenseite, freier eben, wie es sich für einen Frei-Berufler gehört, unternehmerischer, auf die Sicherheit seines Mandanten bedachter einerseits, kreativer andererseits.

Bei der *Gliederung* haben wir uns, schon damit wir nichts vergessen, an die drei Hauptaufgaben des Steuerberaters* gehalten: Der Steuermann/die Steuerfrau steht für die *Steuerdeklarationsberatung* (Hilfe bei der Erfüllung der Steuererklärungspflichten, vor allem bei der Umsetzung der aus der Buchführung gewonnenen Steuerbilanzen), die herrscherliche Eigenschaften des Steuerberaters verlangt; der Schirmherr/die Schirmfrau ist verbunden mit der *Steuerrechtsdurchsetzungsberatung* (Hilfe bei Auseinandersetzungen mit der Finanzbehörde, auch beim Durchkämpfen von Rechtsbehelfen), die beschützende Eigenschaften des Steuerberaters erwartet; der/die Pfadfinder(in) schließlich steht für *Steuergestaltungsberatung* (Ermittlung von Steuerwirkungen geplanter Sachverhalte und Empfehlung ihrer auch steuerlich optimalen Gestaltung), die findige Eigenschaften des Steuerberaters voraussetzt.

Schon weit im Vorfeld unserer Buchplanung haben wir uns gefragt, *wie man* eigentlich *einen Steuerberater zeichnet,* einen Menschen, der unscheinbar, d. h. ohne Amtstracht, seine diskreten Dienste versieht. Sie werden sehen: er/sie ist nicht zu übersehen; Seriosität, das Markenzeichen aller guten Leute, die mit fremdem Geld zu tun haben, ist – auch bei allem Hintersinn – unverkennbar, auch wenn sie ausnahmsweise einmal ohne dunkles Jackett und Hornbrille daherkommen sollten.

Der Steuerberater *beiderlei Geschlechts* ist kein Hermaphrodit. Vielmehr steht die scheinbar nur männliche Berufsbezeichnung „Steuerberater" seit dem – insoweit nie geänderten – Steuerberatungsgesetz von 1961 für

* Vgl. Gerd Rose, Einführung in den Beruf des Steuerberaters, 2. Auflage 1995, S. 38 f.

alle steuerlich beratenden Personen. In diesem Sinne benutzen auch wir das Wort Steuerberater: die Steuerberaterin ist immer mitgemeint. Deshalb bitten wir auch, davon abzusehen, die Steuerberaterinnen in den Zeichnungen uns als „Frauenquote" zugute- oder vorzuhalten.

Nachspiel und *Ausblick* sind der alle Steuerberater brennend interessierenden Frage gewidmet, warum es heutzutage so unendlich schwierig ist, ein zugleich einfaches und gerechtes Steuersystem zu entwickeln. Und die Steuerberater selbst sind an dieser Schwierigkeit nicht völlig unschuldig: Auf der einen Seite sind sie durchaus daran interessiert, daß ihnen ihre fachliche Arbeit nicht durch immer wieder neue Systemwidrigkeiten und Komplikationen zum stetigen Hindernisrennen wird; auf der anderen Seite wirken sie selbst wegen ihrer Kreativität im Hinblick auf „dispositionsbezogene Steuerwirkungen" kräftig bei der Komplizierung des Steuersystems mit. Es blieb uns deshalb nichts anderes übrig, als den Steuerberater zum guten Schluß bei einem Balanceakt zu zeigen.

Wir wünschen allen Lesern und Leserinnen, mögen sie nun Steuermänner oder -frauen oder Passagiere sein, daß sie ganz neue Hochachtung vor dem Ansteuern und Befahren der Tiefen und Untiefen des Bilanzwesens und des Steuerrechts bekommen. Wieviele Menschen auch immer die Steuern steuern: Die Steuerberater sind diejenigen, die sich am meisten dabei anstrengen müssen. Aber hier und nur hier können sie auch einmal über sich selbst lachen.

Gute Fahrt denn – und Ahoi!	Dr. jur. Hans Martin Schmidt

I.
Der Steuerberater als Steuermann/Steuerfrau oder Vom Beherrscher der Steuern

Steuermänner und -frauen haben es mit großen Schiffen und kleinen Booten, mit Arbeiten am Steuer- rad und mit Fern- Steuerung zu tun. Sie sind souveräne Steuer- Sachverständige im besten Sinne des Wortes.

Von Schiffen und Booten

Die Schiffe – das sind die großen und die kleineren Steuern. Manchmal gelingt es den mitsteuernden Steuerberatern, ihre Richtung oder ihr Tempo ein wenig zu verändern.

Die Boote – das sind die flexiblen Geleit-, Transfer- und Rettungsschiffchen, die die Steuerberater allein steuern und die ihre eigentliche „Manövriermasse" darstellen.

Steuerflotte – Rettungsboot – Lotsendienst

Der Steuerberater und erst recht die Gesamtmenge von über 60.000 Kolleginnen und Kollegen sind unübersehbar. Er trägt seine Verfassung unterm Arm und erinnert durch seine demonstrative Anwesenheit mitten im unübersichtlichen Verkehr der Steuer-Schiffe daran, daß alle Steuervorschriften von Finanzämtern, Oberfinanzdirektionen und Steuergerichten „freiheitlich" auszulegen sind.

Retten, was zu retten ist – eine gute Devise für Steuerberater, die immer wieder als Krisenberater von Unternehmen gefordert sind. Vielfältig sind die Aufgaben: Vor allem „vor Ort" präsent sein, Nervosität vermeiden, wenn nötig, für geregelten „Ausstieg" sorgen, im äußersten Notfall abschleppen.

Ständig begleitende Rettungsboote, auch im ewigen Eis – wenn es sie nicht schon gäbe, müßten sie erfunden werden.

Ein Lotse ist (lt. Brockhaus) ein erfahrener, behördlich zugelassener Seemann mit höchstem nautischen Patent, der auf See, Seeschiffahrtsstraßen oder in Häfen Schiffe als Berater geleitet.

Steuerberater übernehmen Lotsendienste auch in Ein-Personen-Booten, insbesondere wenn es sich um schwierige Gewässer handelt. Sie trotzen allen Unbilden und verlieren das Ziel nicht aus den Augen.

Vom Fern-Steuern

Steuerbilanzen, Vermögensaufstellungen, Voranmeldungen, Steuererklärungen, Stellungnahmen und Rechtsbehelfe machen von ihrem Äußeren nicht viel her. Vergleicht man sie mit der milliardenschweren Steuerflotte der Finanzverwaltung, wollen sie einem eher wie selbstgebastelte Papier-Schiffchen erscheinen, die leicht untergehen und ihre Adressaten im Finanzamt nur wenig beeindrucken können.

Jedoch: Sie sind auf wunderbare Weise ferngesteuert. Es kommt also nicht auf die Größe des Transportmittels, sondern auf die elektronische Perfektionierung der Kommunikation an.

Wer steuert hier eigentlich?

Alle in einem Boot – das sagt sich so leicht: die Steuererfinder, die Steuerzahler und die Steuerhinterzieher, und nicht zuletzt die Steuerbeamten und die Steuerberater – wirklich alle in einem Boot? Und wenn das so wäre, wer steuert dann dieses eine Boot eigentlich?

Manchmal meint man, das Finanzamt hätte, und sei es mit dem Mute der Verzweiflung, alles im Griff. Aber die Steuerberater – und es sind nicht wenige – wissen auch, woran gedreht werden muß. Und manchem hat schon die Kunst des geduldigen Aussitzens oder Anhaltens geholfen.

Von herrscherlichen Eigenschaften

Wer steuern kann, und sei es auch „anders", der beherrscht sein Metier. Die nachfolgenden „schmückenden Beiwörter" zeigen sämtlich, daß der Steuermann/Steuerberater sein „Handwerk" versteht und weiß, wo es langgeht.

Der Zahlenknecht/die Zahlenmagd

Und doch: die herrscherliche Gebärde der Steuerleute, die überzeugende Selbstdarstellung der das Steuer und die Steuer Dirigierenden setzt die Dienstbereitschaft von Knechten und Mägden voraus, zunächst nicht dem Mandanten und dem Finanzamt, sondern der nackten Wahrheit der Zahlen gegenüber. Zahlen für Buchführung und Bilanz zu filtern, zu ordnen, zu transportieren – das kann eine rechte „Drecksarbeit" sein.

Der Stiftsherr/die Stiftsfrau

Der Stift des Steuerberaters ist, auch in einer Welt voller Computer, immer noch sein wichtiges Handwerkszeug: Damit hakt er die Zahlen ab, die anschließend in die Bilanz und die Gewinn- und Verlustrechnung seines Mandanten eingehen. Und von seiner „Treffsicherheit" hängt es ab, ob die Steuer gar nicht oder später oder doch mit einem geringeren Betrag anfällt.

Ob der einschlägige Paragraph des Steuergesetzes allerdings sein Ziel erreicht oder abstürzt, das bleibt offen. Die Steuerberater-Artisten müssen sich daran gewöhnen, mit den Drahtseilakten des Gesetzgebers und der Rechtsprechung zu leben. Haarsträubend für die Mandanten!

Der Herr/die Herrin der Daten

Sie sind nicht von gestern, die Damen und Herren mit der Mistgabel und dem Stift. Zahlen zu sortieren, zu ordnen und abzuhaken, ist für den Steuerberater nicht mehr nur Handarbeit. Die richtig programmierte Maschine weiß genau, wo die „guten" und die „schlechten" Zahlen hingehören. Und jedes Mal ist es für den Mandanten wie ein kleines Wunder, daß am Ende eine so ordnungsgemäße Buchführung und Bilanzierung herauskommt.

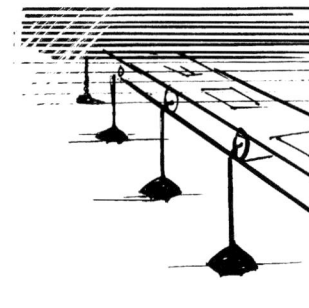

Der Endlos-Schreiber

Ob mit Stift oder Maschine: die Zahlenkolonnen scheinen endlos, die Steuerformulare sind zu lang. Und ob Steuerdeklaration, Steuerrechtsdurchsetzung oder Steuergestaltung – es muß am laufenden Band gehen. Zwar mandanten- und fallbezogen, aber doch durchrationalisiert. Und vor allem: alle Jahre wieder.

Der Paragraphen-Dompteur

Was macht der Steuermann/die Steuerfrau auf hoher See, wenn die hochkomplizierten und sich ständig ändernden Vorschriften des Einkommensteuer-, Umsatzsteuer- oder Erbschaftsteuerrechts Wellen und das Boot des Mandanten leck zu schlagen drohen? Er versteht sich schon auf das „Stillen" von Mandanten und Stürmen, und am Ende springt § X des Umsatzsteuergesetzes durch genau den Sachverhalts-Ring, den der Dompteur zusammen mit dem Mandanten selbst gebastelt hat. Eigentlich eine runde Sache.

Die Weißmacherin

Wenn es hart auf hart kommt, und das Finanzamt (und vielleicht sogar die Steuerfahndung) nur noch schwarz sieht, kommt auf den Steuerberater die – hellseherische – Aufgabe zu, die weißen Stellen seines Mandanten hervorzuheben. Auch die Steuerberaterin will dem Finanzamt dann nichts weismachen; sie geht in solchen Fällen ganz in der Rolle der früheren Weißnäherin auf: Sie ist eben jetzt darauf spezialisiert, nur noch mit weißem Material zu arbeiten. Aber natürlich hat sie auch kariert in ihrem Repertoire.

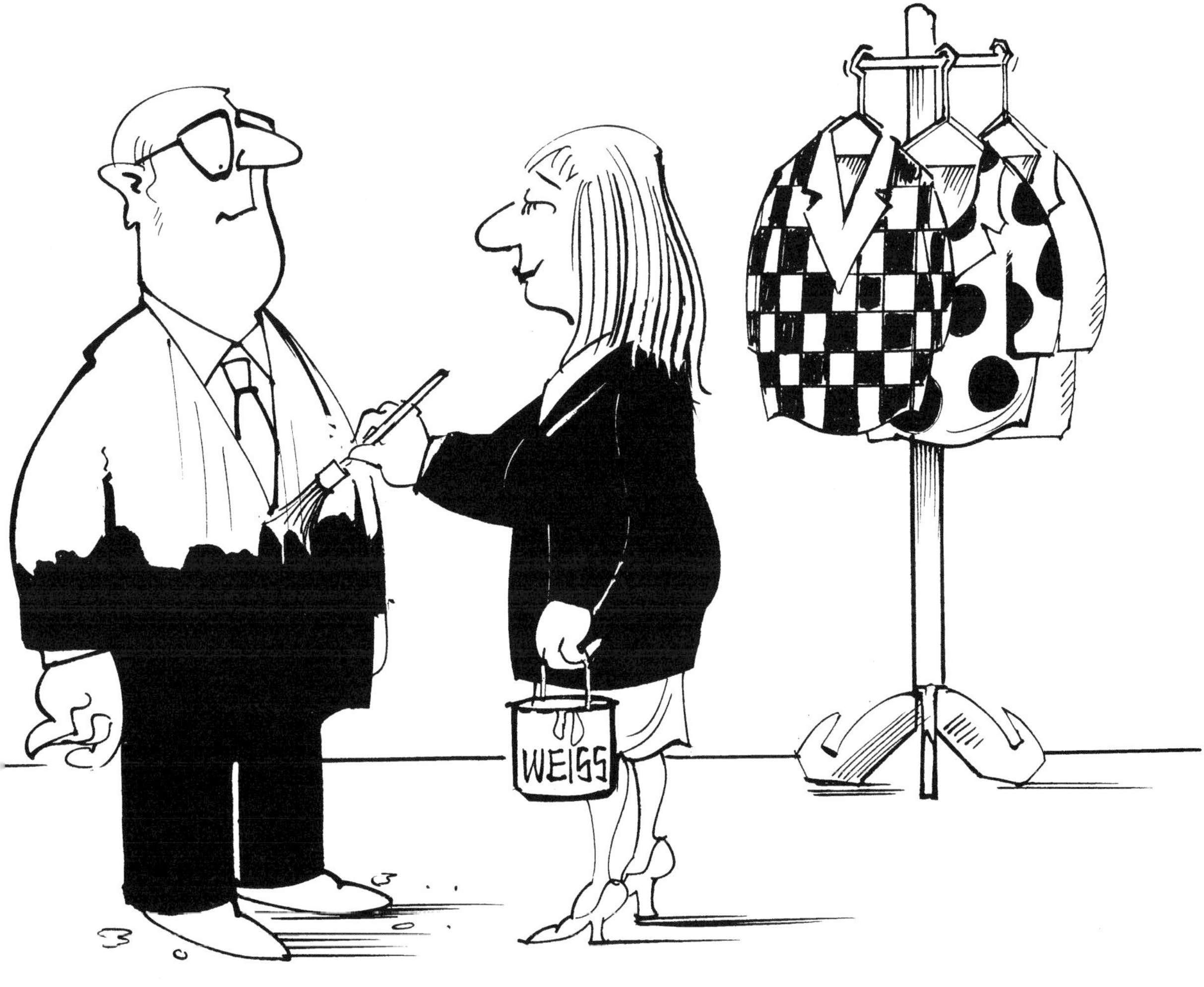
WEISS

Der Ritter ohne Furcht und Tadel

Und wenn die Betriebsprüfer kommen, die Herrschaften auf hohem Roß und mit zunächst geschlossenem Visier? Auch der Steuerberater hat Turniererfahrung, und die Waffen des Geistes – immerhin – stehen ihm zur Verfügung.

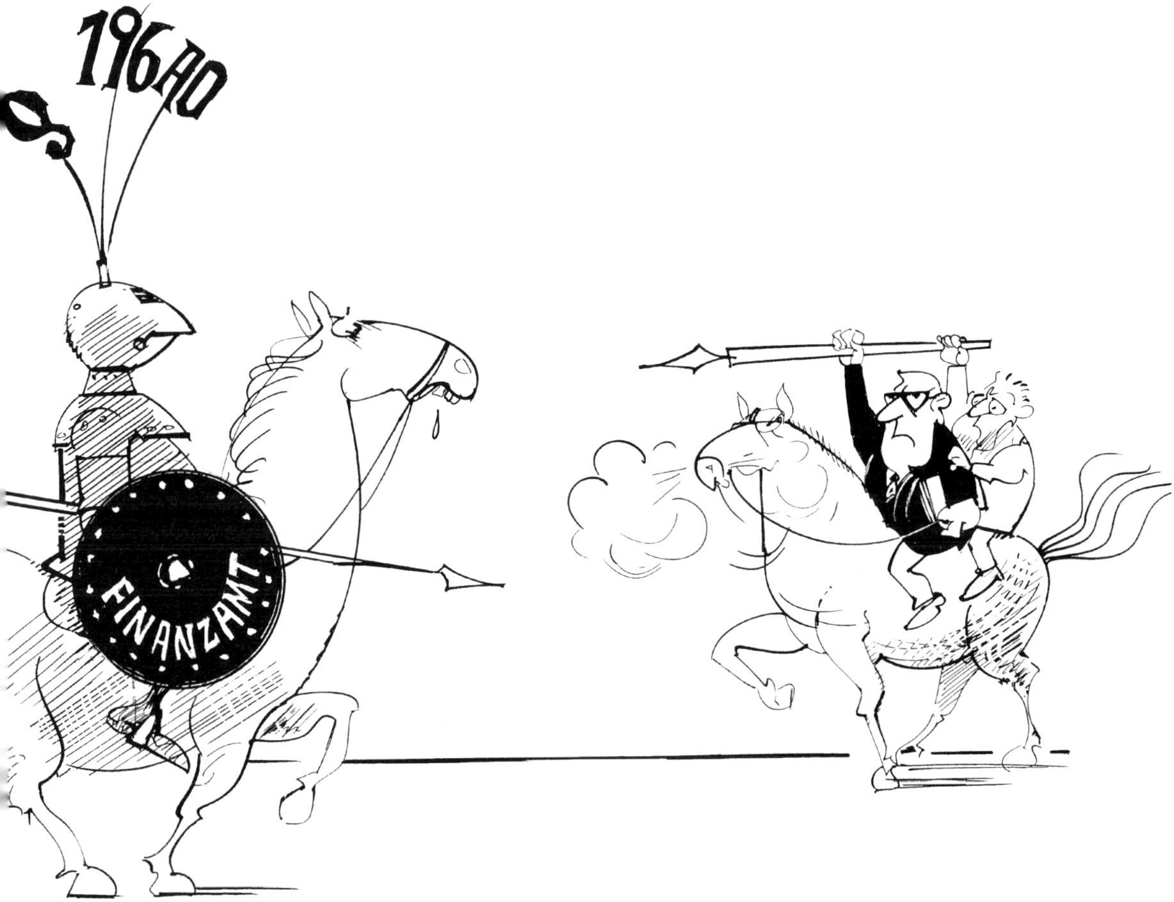
§
196AO
FINANZAMT

Der Mann/die Frau mit den mindestens zwei Gesichtern

Die Beherrscher der Meere und der Steuern sind nicht die Leute mit dem Pokerface, die aus der Welt der Zahlen kommen und schon deshalb keine Gefühle zeigen. Sie haben mindestens zwei, wenn nicht mehr Gesichter.

Mit dem einen, einer Art Grundgesicht, gibt der Steuerberater zu erkennen, daß er – wie von kompetenter Stelle erwartet – die Steuerzahlungspflicht innerlich als Bürgerbeitrag zur Finanzierung des Staatshaushalts bejaht*. Aber er wird es sich nicht nehmen lassen, mit den anderen Gesichtern ganz flexibel zu sein: mal wütend auf das ganz alltägliche Steuerchaos, mal dankbar, zum Beispiel einem kooperativen Finanzbeamten gegenüber.

* So etwa Gerd Rose, aaO., S. 47

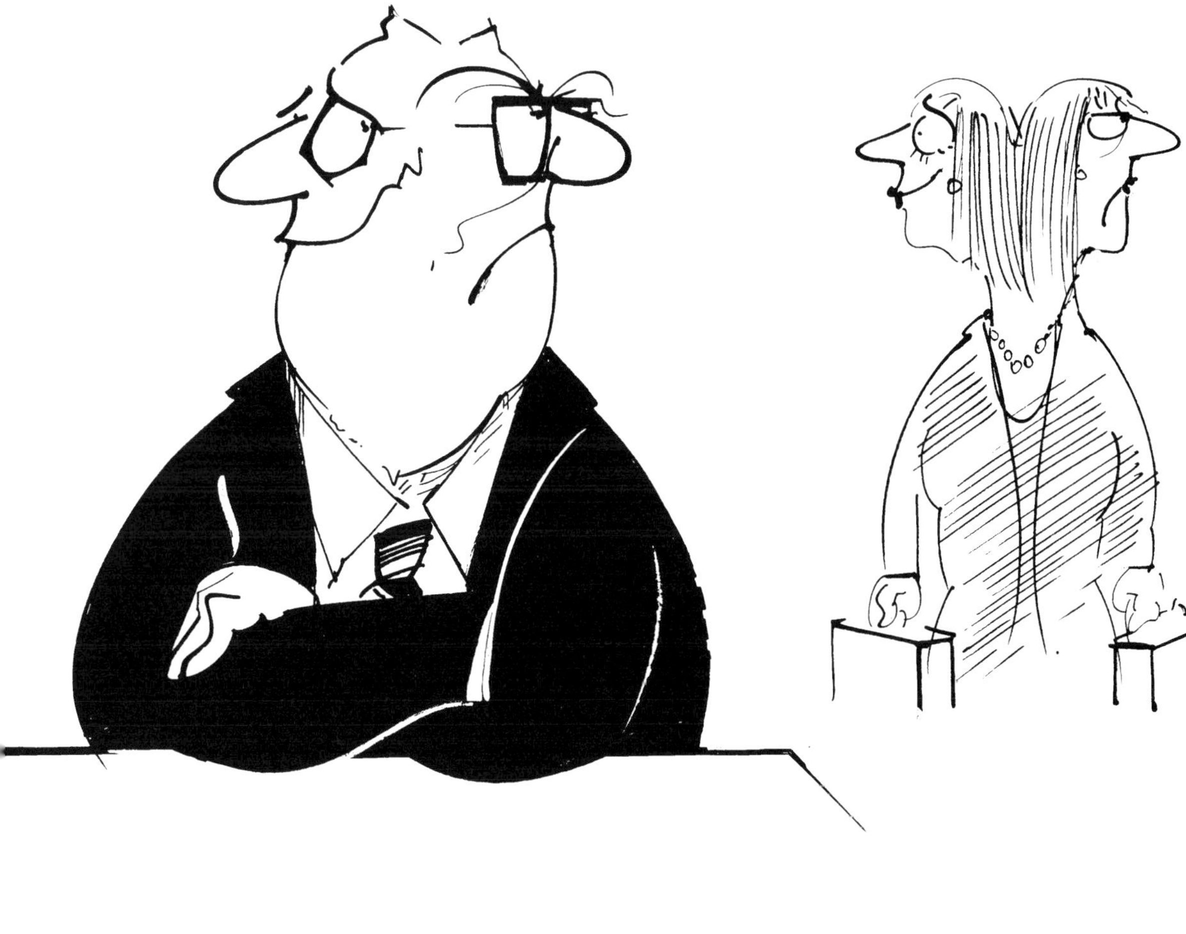

II.
Der Steuerberater als Schirmherr/Schirmfrau oder Vom Beschützer der Steuerpflichtigen

Schirmherren und -frauen werden durch einen Pluralismus von Schirmfunktionen herausgefordert. Sie sind diejenigen Begleiter ihrer Mandanten, die – in aller Regel – ziemlich genau wissen, wann sie sich vor sie, hinter sie oder neben sie stellen oder setzen müssen.

Von schützenden Schirmen

Der Steuerberater als Schutz und Schirm seines Mandanten ist das notwendige Pendant zum Beherrscher der Steuern. Schutz-Schirme sind vielseitig verwendbar.

Regenschutz – Sonnenschutz – Sichtschutz

In erster Linie gegen den pausenlosen Dauerregen der Steuer-Paragraphen: Der passende Paar-Schirm mit dem Blitzableiter verschafft beiden Schützlingen ein Gefühl der Zusammengehörigkeit und Geborgenheit.

In zweiter Linie gegen allzuviel Sonne, auch und gerade in vermeintlichen oder wirklichen Steuerparadiesen: Das angenehme Ambiente sorgt für Abkühlung und Ablenkung.

In dritter Linie gegen unbefugte Einsichtnahme Außenstehender: Versuchen kann man es ja mal.

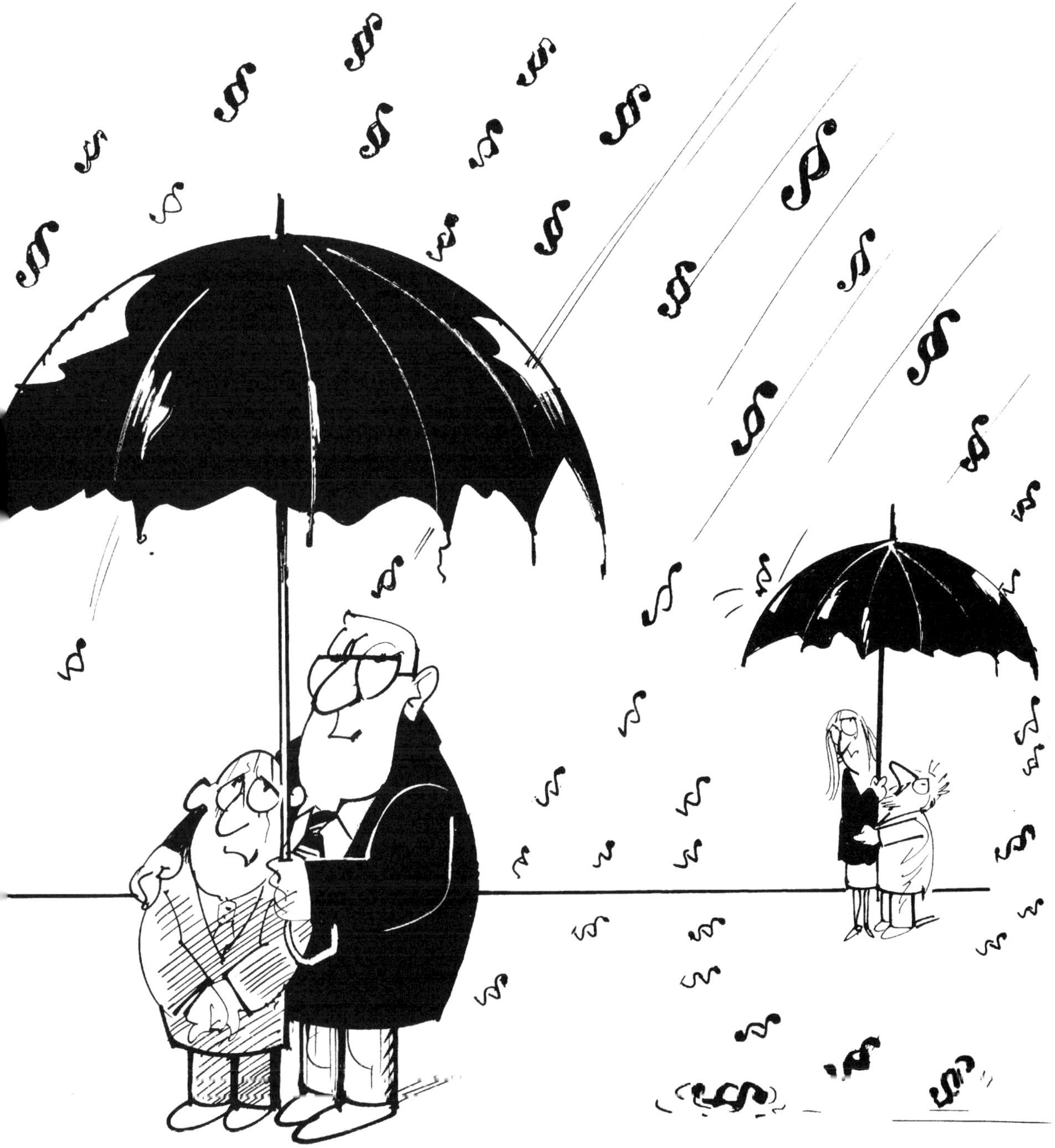

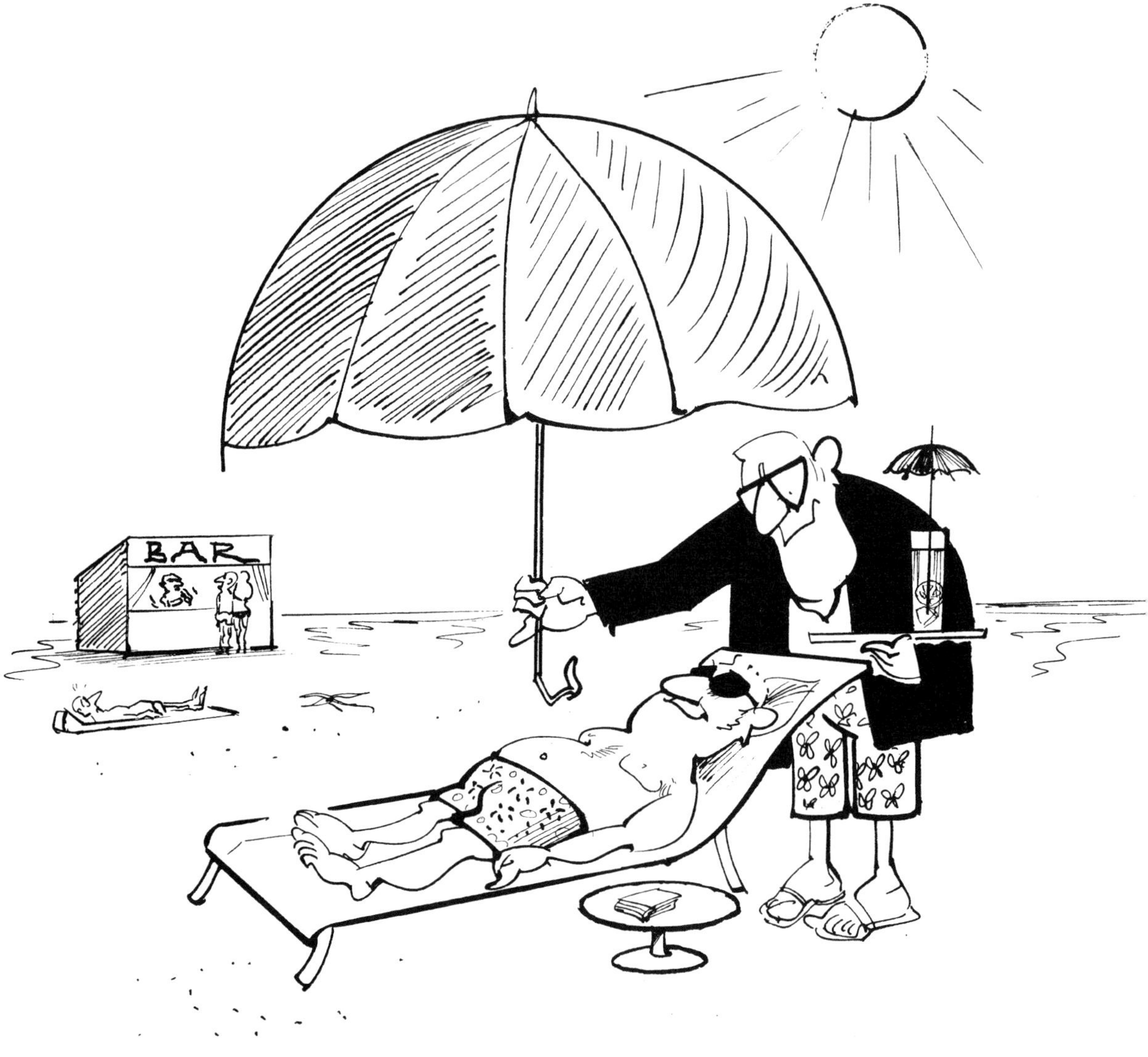
BAR

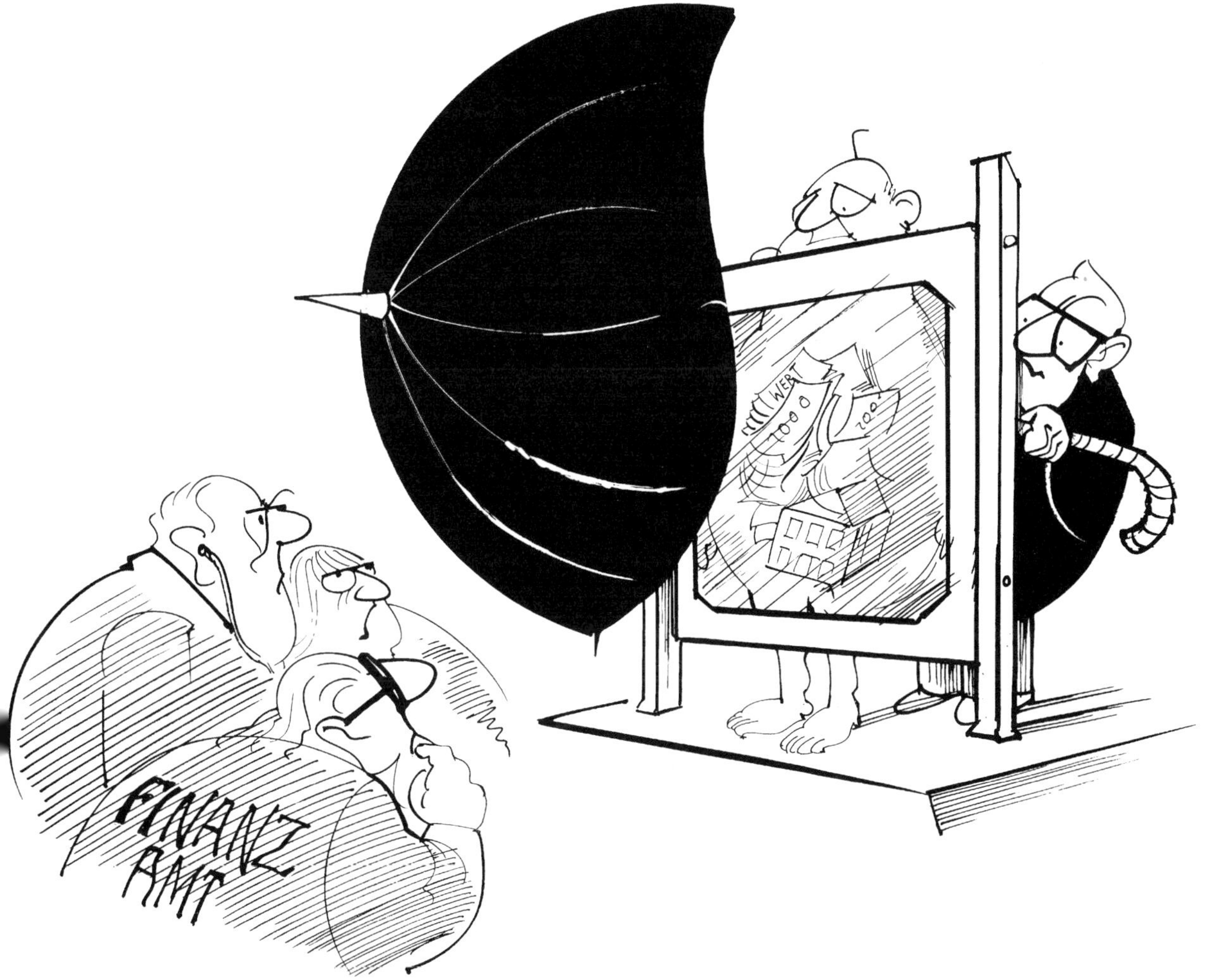
WERT
1000
200
FINANZ
AMT

Der Schirm als Auffänger

Wir kennen ihn von den Rändern der Karnevalszüge: den Schirm als zweckentfremdetes Auffangbecken, das den – größeren – Kamellensegen nicht mehr nur dem Zufall überläßt.

Man muß schon zur Stelle sein, wenn der Fiskus sein Füllhorn verströmt; und man, das heißt der Steuerberater, muß auch wissen, wo, wann und wie genau die Prozedur abläuft.

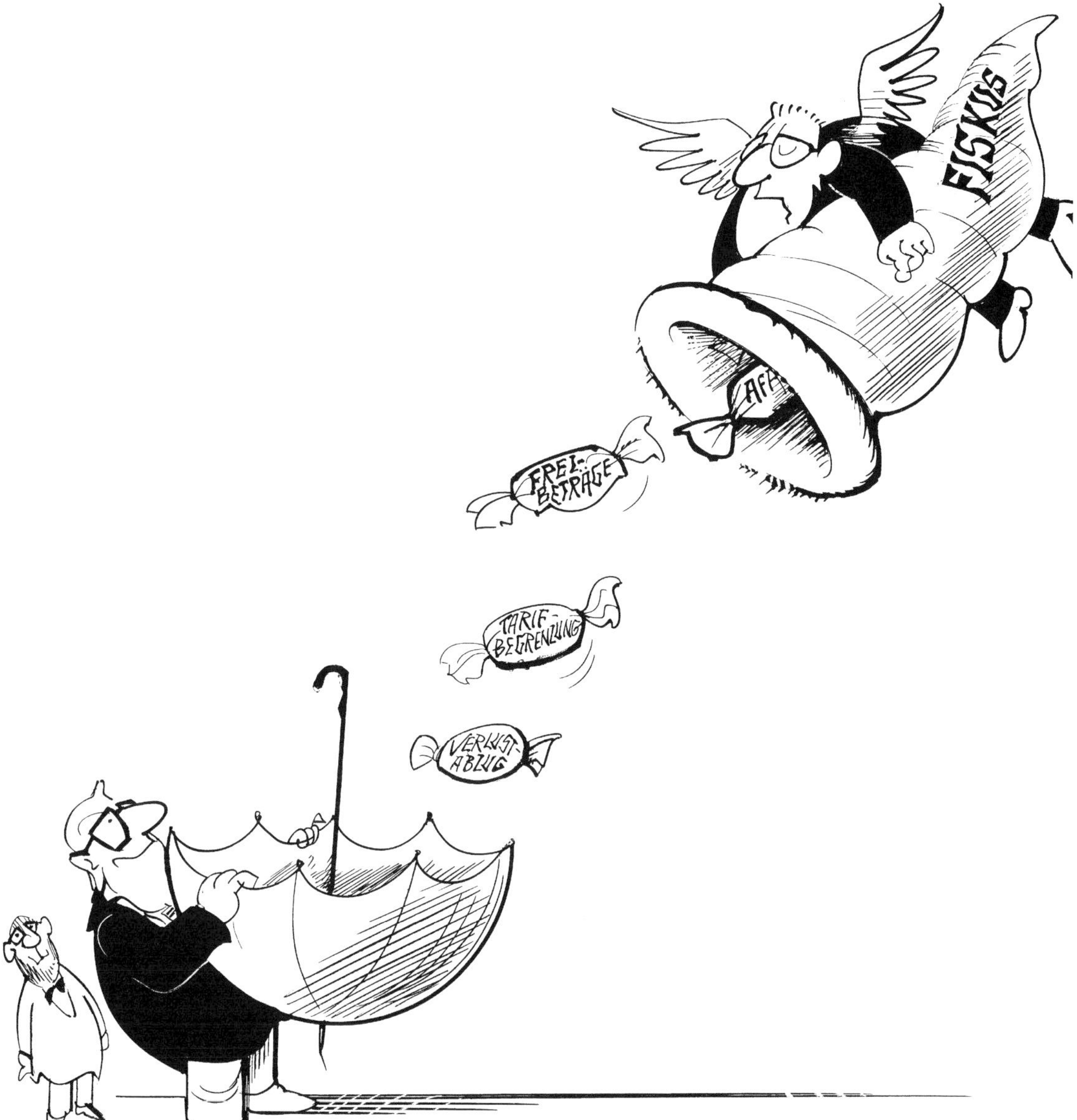
FISKUS
FREI-
BETRÄGE
TARIF-
BEGRENZUNG
VERLUST-
ABZUG

Der Schirm als Waffe

In aller Regel schießt das Finanzamt nicht mit Kanonen nach Spatzen. Aber es kann mit Außenprüfung und Steuerfahndung wirklich schweres Geschütz auffahren, und die Munition ist echt.

Und wenn der Steuerberater dann das Finanzamt, zum Beispiel mit Nadelstichen, beeindrucken will, kommt es in aller Regel nicht auf Verkleidung und Pose an. Aber wer wollte bestreiten, daß manchmal kleine Ursachen große Wirkungen erzielen können?

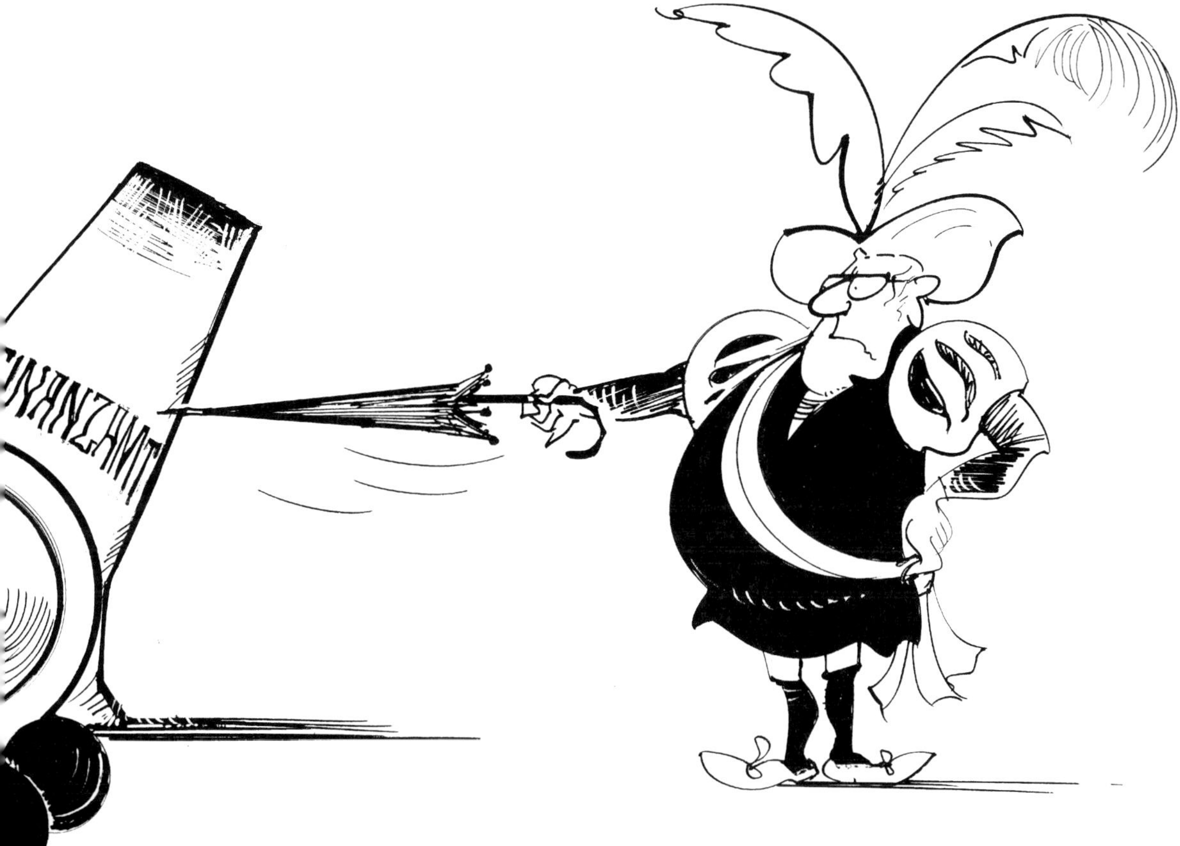

Der Schirm als Zierde

Das Klischee des nackten Mannes, dem das Finanzamt nun nicht mehr in die Taschen greifen kann, es kommt immer wieder in Mode.

Der Schirm als Sichtschutz, der nichts anderes als die Blöße des Mandanten deckt und auch noch kleidsam ist, – er darf im Angebot des Steuerberaters, der sich auf der Höhe der Zeit befindet, nicht fehlen.

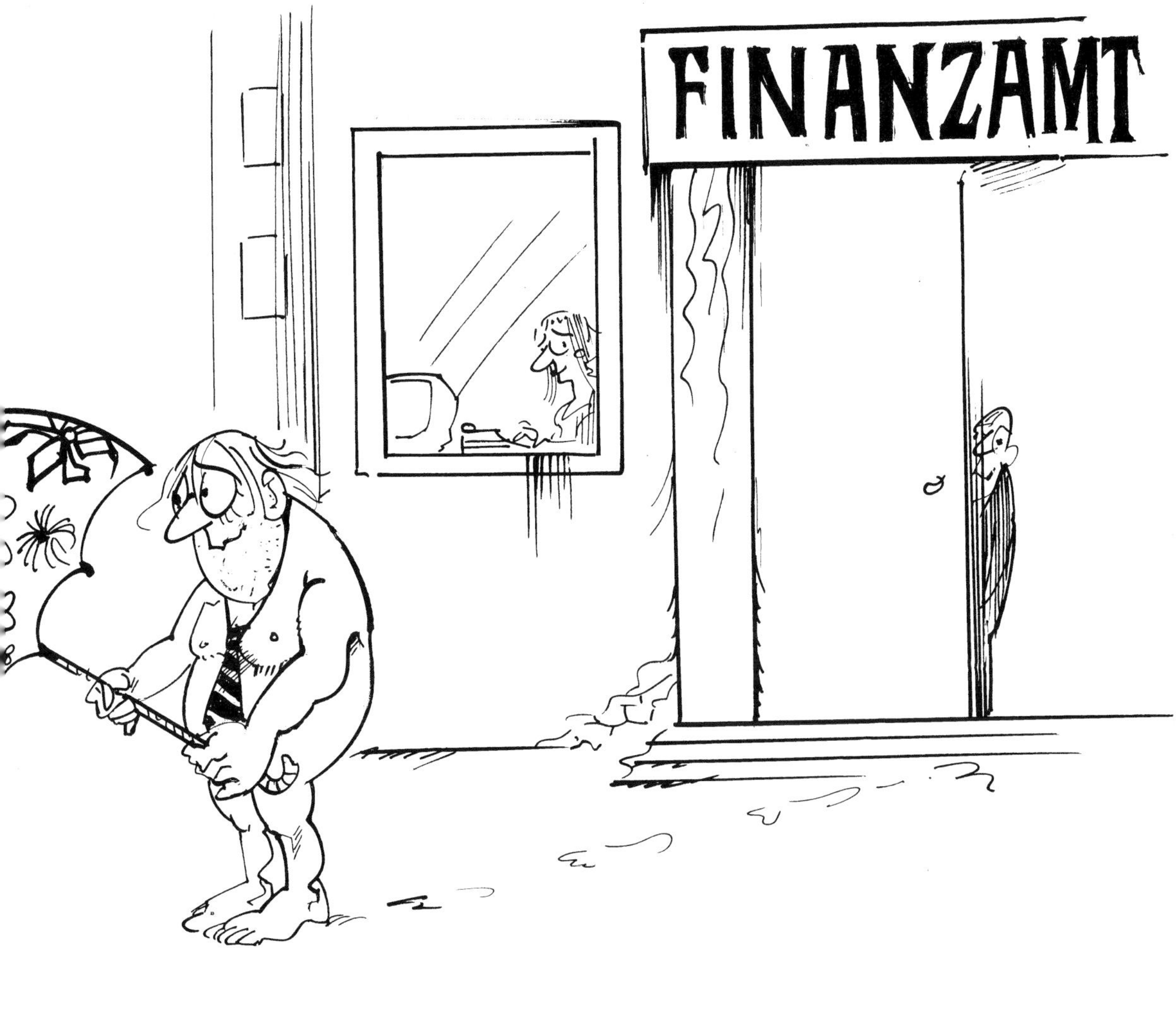
FINANZAMT

Von beschützenden Eigenschaften

Schirmträger gehen auf Nummer Sicher und mögen keine Überraschungen. Wachsamkeit und Schutzbereitschaft, aber auch Einfühlung in Schutzbedürftige sind ihre hervorragenden Eigenschaften. Ihnen kann man sich anvertrauen; sie können einen nach allen Regeln der Kunst entlasten.

Die Beichtmutter

Nach der Ohrenbeichte wird der Steuerberater als erfahrene Beichtmutter den Mandanten nicht von seinen „Sünden" freisprechen, ihm vielmehr mit fachlicher Autorität sagen, was in seiner fatalen Situation zu tun ist. Denn der „Teufel" hört mit und steckt im Detail.

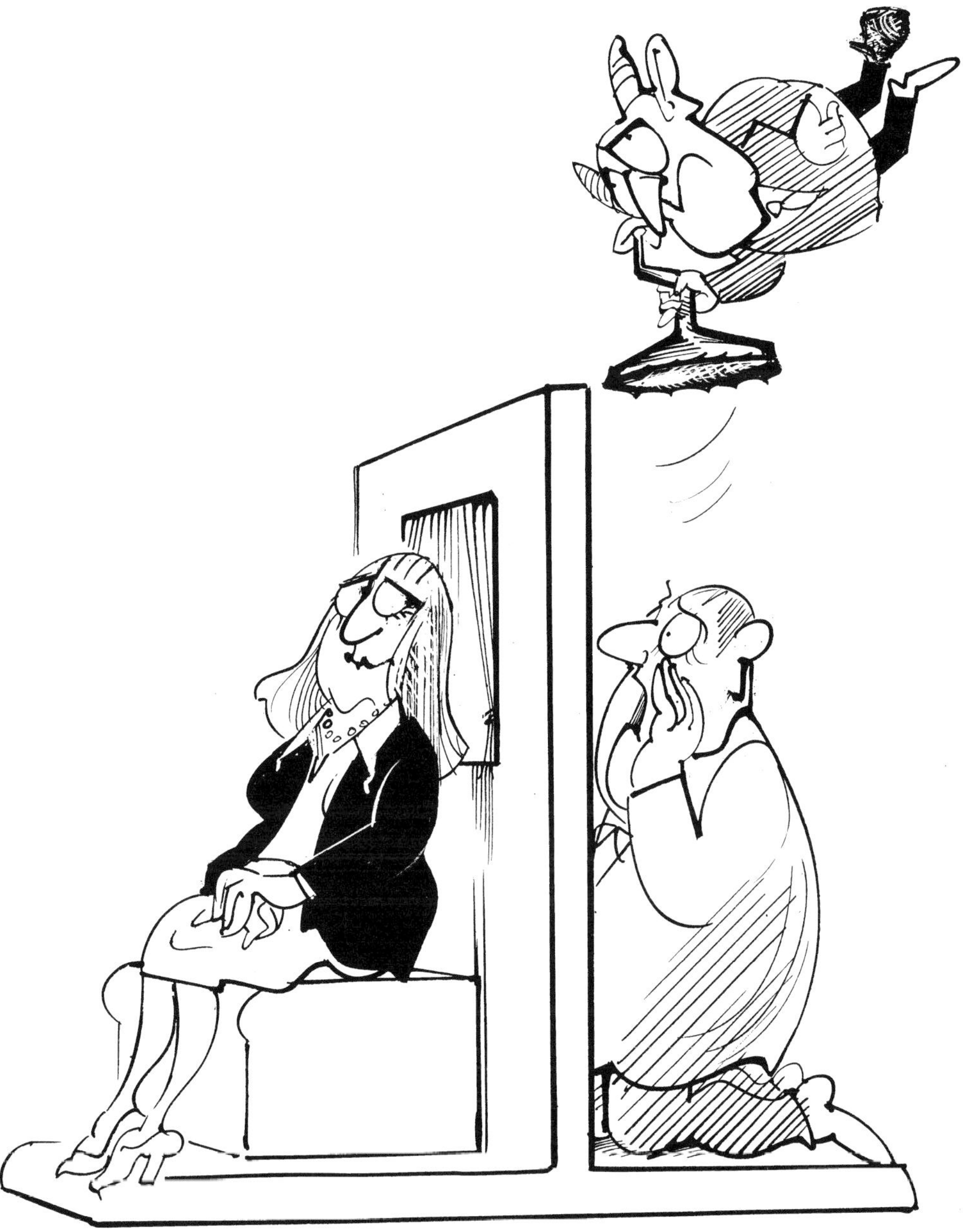

Der Psychotherapeut/die Psychotherapeutin

Moderne und kluge Seelen-Sachverständige verzichten auf das Ausspielen ihrer Autorität und halten viel von Selbstmanagement-Therapie. Auch Steuerberater sind gewohnt, Freud und Leid ihrer Mandanten zu teilen, und wissen, daß die beste Hilfe fast immer die Hilfe zur Selbsthilfe ist: Sie bringen ihren Mandanten in einer ruhigen Stunde dazu, die optimale Problemlösung – so ähnlich wie der Baron von Münchhausen – selbst zu finden.

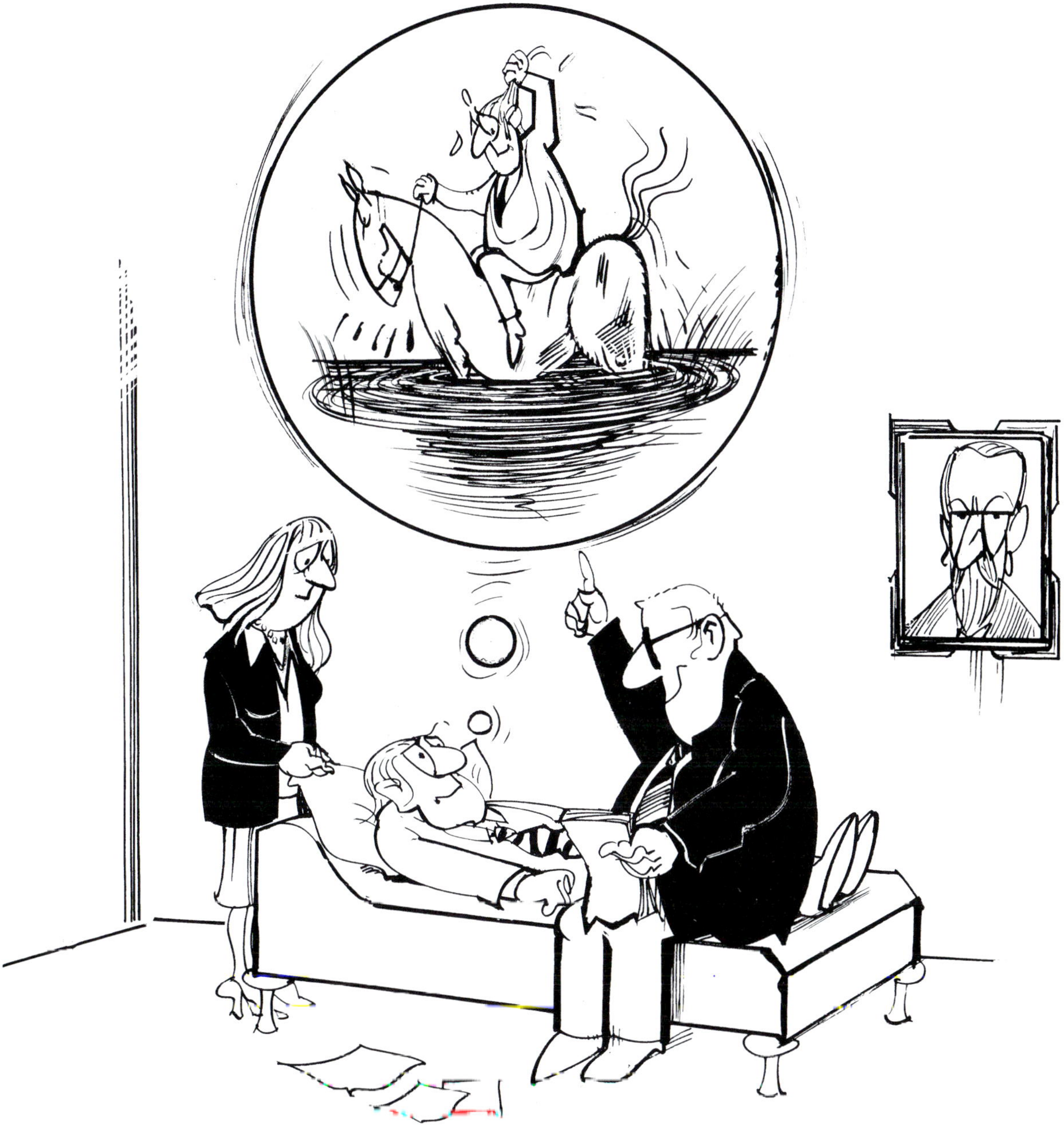

Der Knappe des Spesenritters

Spesenritter müssen so etwas wie Stiefbrüder von Raubrittern sein: Sie nehmen dem Finanzamt auf dem Umweg über scheinbare Betriebsausgaben etwas weg, was eigentlich ihm zusteht.

Steuerberater mit beschützenden Eigenschaften müssen als Knappe ihres Herrn auch in der Lage sein, ihren Schützling vor sich selbst zu schützen.

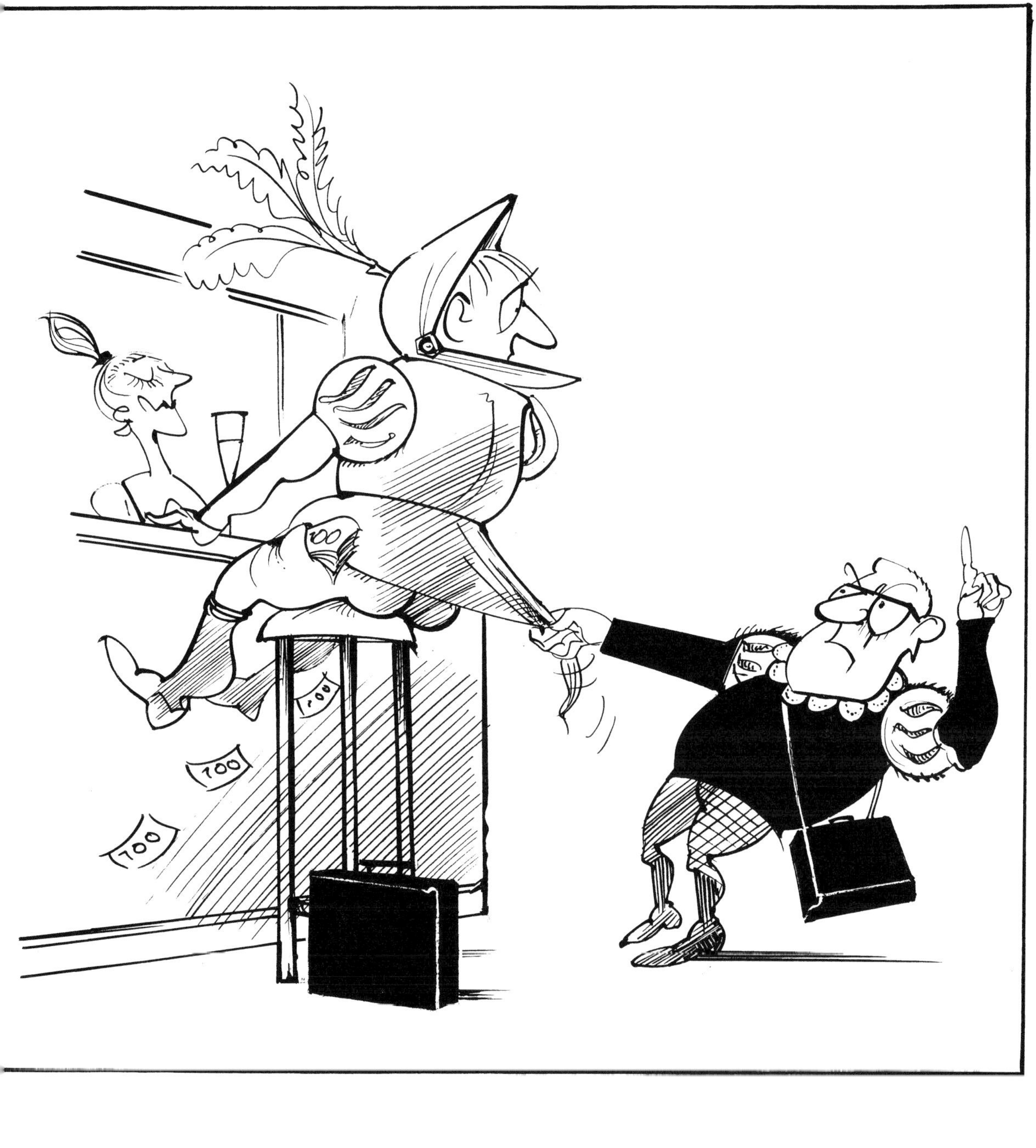
100
100
100
100

Der Beifahrer

Ein guter Beifahrer erträgt auch die ausgefallenste Fahrweise „seines" Fahrers mit relativer Gelassenheit und mischt sich nicht in Angelegenheiten, die ihn nichts angehen. Erst in heiklen Situationen der Steuer-Rallye läuft der sachverständige und ortskundige Beifahrer zu seiner vollen Form auf. Nicht bange machen lassen: Aussteigen, wegräumen, Augen auf und durch!

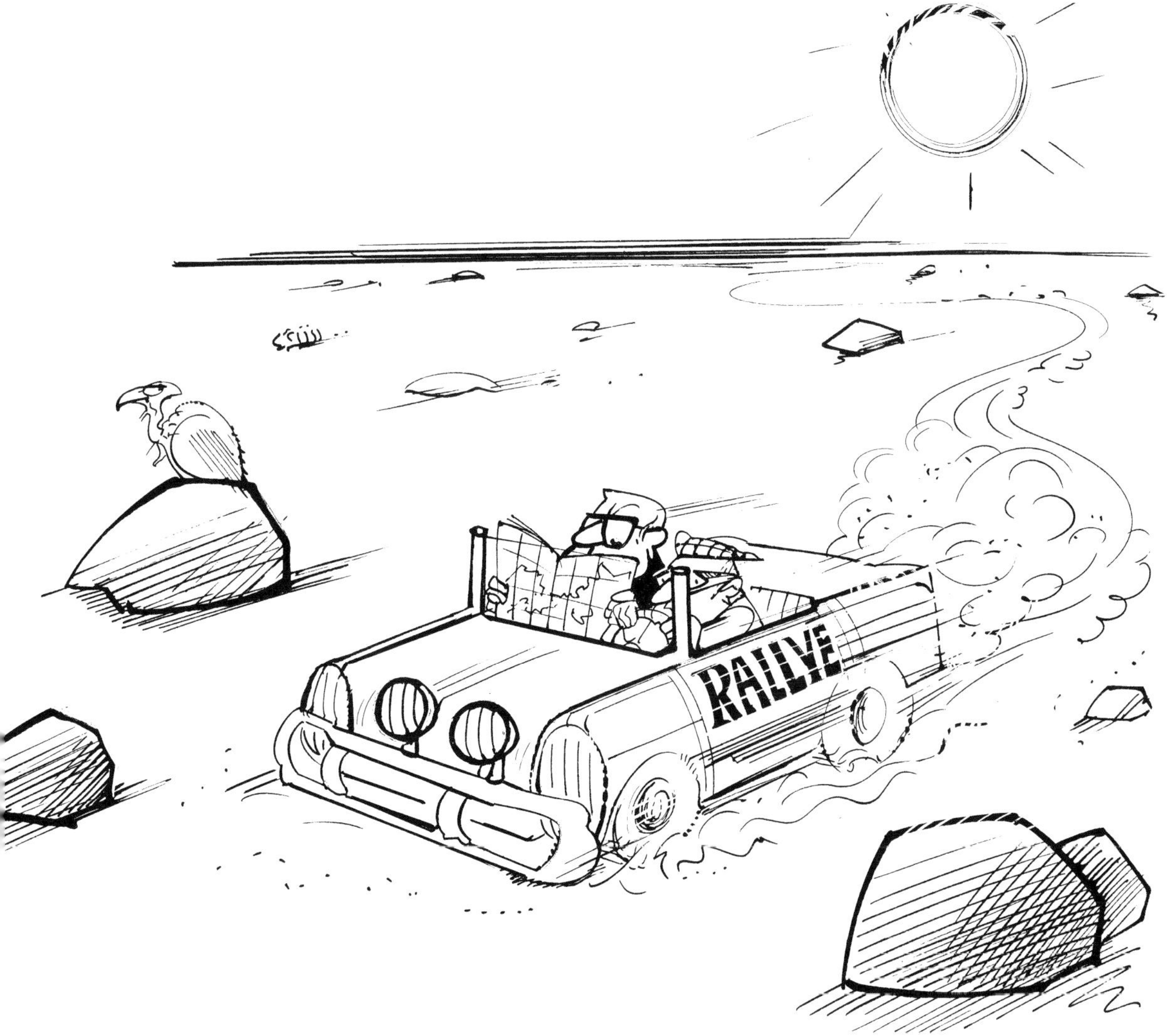
RALLYE

Der Lastenträger

Die entlastende Wirkung der Tätigkeit des Steuerberaters zeigt sich für den Mandanten erst richtig, wenn es mit ihm bergauf geht, das heißt, die Luft für ihn dünner wird, ihm Schweiß auf die Stirn tritt und die Konkurrenten ihn unter ständige Beobachtung nehmen. Der Sherpa-Dienste leistende Berater und sein bis an die Grenzen der Belastbarkeit weitertrottendes Maultier sorgen dafür, daß die Kennziffern des „Unternehmens Gipfelsturm" stets zur Hand sind.

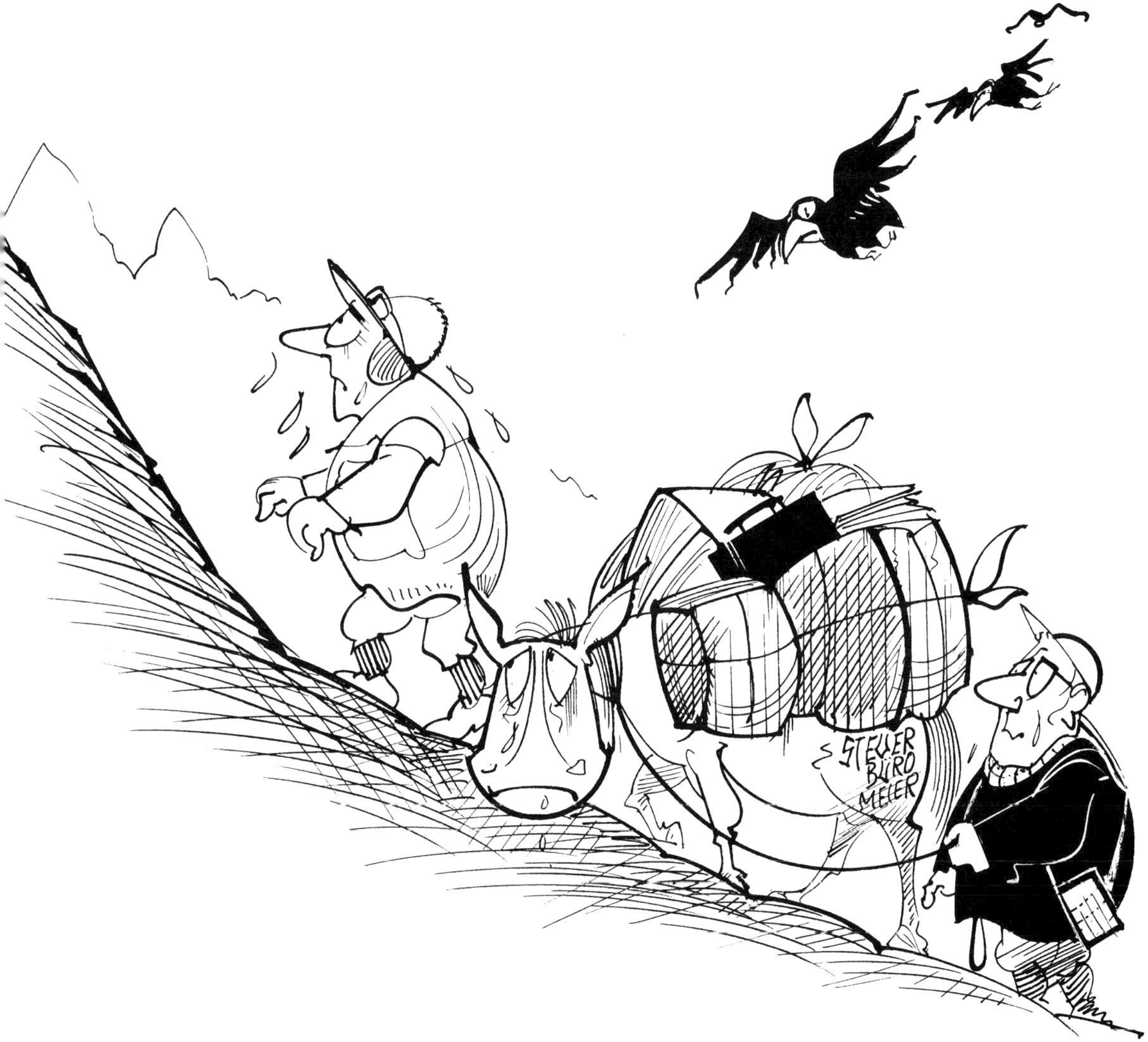
STEUER
BÜRO
MEIER

Der Hintertürsteher

Die Steuerrechtsordnung kommt zumeist scheinbar respektheischend einher. Aber sie hat doch Hintertüren, Schlupflöcher und Gummizüge – das sind dann die Bilder, die suggerieren sollen, die Steuerrechtsordnung sei gar keine solche.

Darüber ließe sich reden, wenn, ja wenn es keine Steuerberater gäbe. Auch sie sind erfahrene Türsteher und wissen genau, wen sie wo – ganz im Rahmen der Legalität – hineinlassen können.

STEUERTEMPEL

Der Damoklesschwertbeweger

Damoklesschwerter sind nicht nur die Erfindung von sizilianischen Tyrannen. Der Abgabenanspruch des Staates kann auch in Demokratien bedrohliche Ausmaße annehmen. Der Steuerberater, in der Rolle des David gegen Goliath, kann solche Bedrohungen nicht wegzaubern, aber er kann ihnen ihre Spitze nehmen.

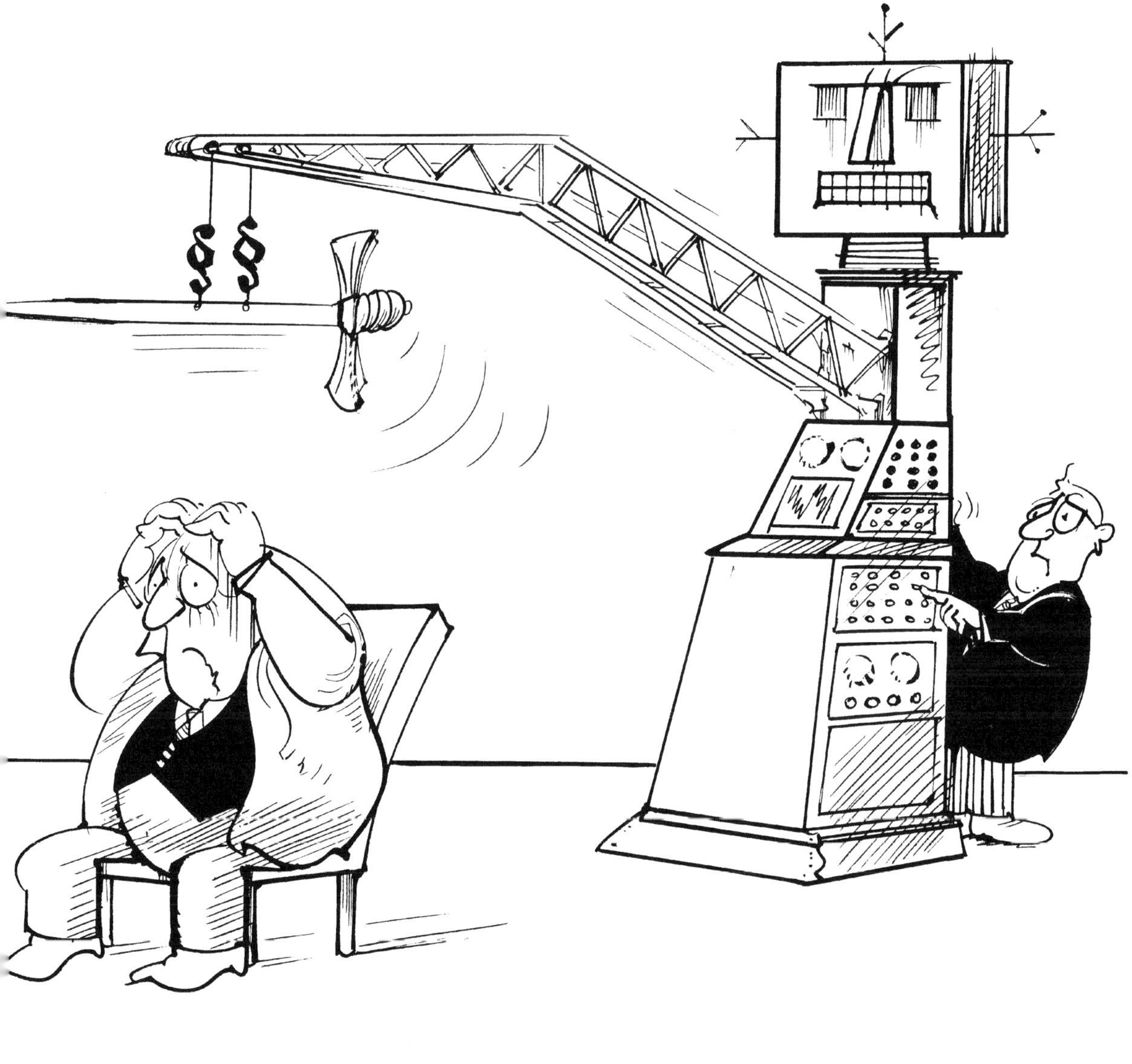

Die Schutzpatronin

Schutzheilige sind dazu da, um zwischen den Menschen und einer höheren Macht auf verschiedene Weise zu „vermitteln". Das mag unter Theologen umstritten sein. Dem Staat als höherer Macht jedoch kann nur daran gelegen sein, den Eindruck des Ausgeliefertseins an die Steuergesetze mit Hilfe von „Steuerhelfern" abzubauen und ein mehr partnerschaftliches, auf Einsicht beruhendes Verhältnis zum Staat und seinen Steuereinnehmern einüben zu lassen. Mandanten und Finanzbeamte brauchen deshalb in gleicher Weise die Steuerberater als Schutzpatrone.

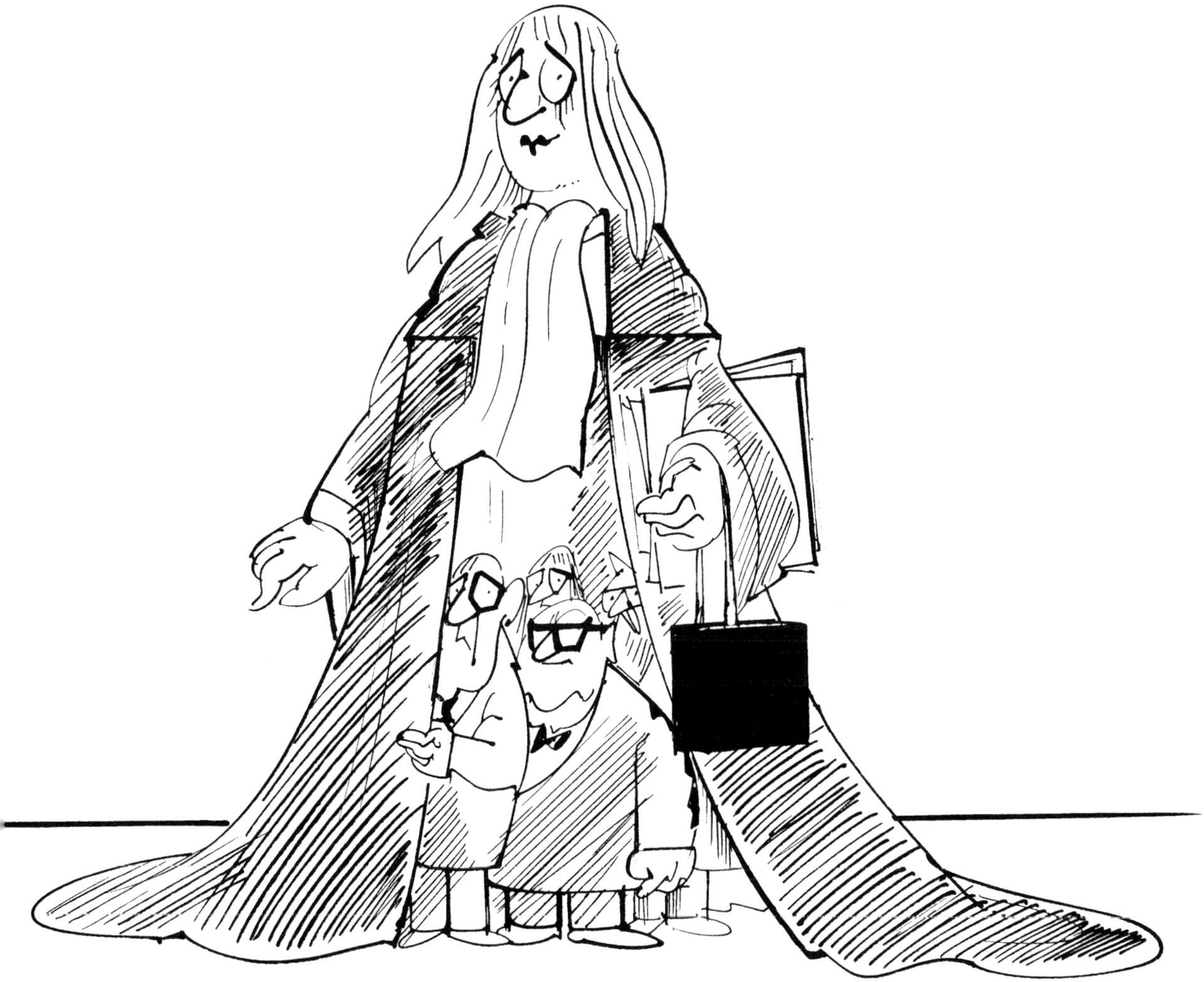

III.
Der Steuerberater als Pfadfinder(in) oder Vom Entdecker des Steuersparens

Pfadfinder und -finderinnen können nicht nur auf ausgetretenen Wegen und Straßen gehen und fahren. Ihnen muß schon was Neues, ja möglichst Paradiesisches einfallen, wenn sie den labyrinthischen Steuerwirkungen auf Dauer Paroli bieten wollen. Sie suchen und finden den versteckten, den steilen, manchmal verwinkelten oder schon zugewachsenen Pfad, der zum Gipfel, wo immer er sei, führt.

Von Schnellstraßen und Wegscheiden

Die gesetzlichen Steuertatbestände, die die Steuerpflichtigen durch ihr tägliches Handeln erfüllen, sind wie Straßen und Wege. Jede(r) möchte gerne darauf „vorankommen". Aber ob man überhaupt ankommt und, wenn ja, wann und wo, das hängt von der Beschaffenheit der Wege wie der Geh- und Fahrhilfen ab.

Auf mehrbahnigen Straßen wird in der Regel relativ schnell das Steuersoll erfüllt, auch wenn Staus offenbar unvermeidlich sind. Man muß nur ein bißchen flexibel sein und auch mal Ballast abwerfen können.

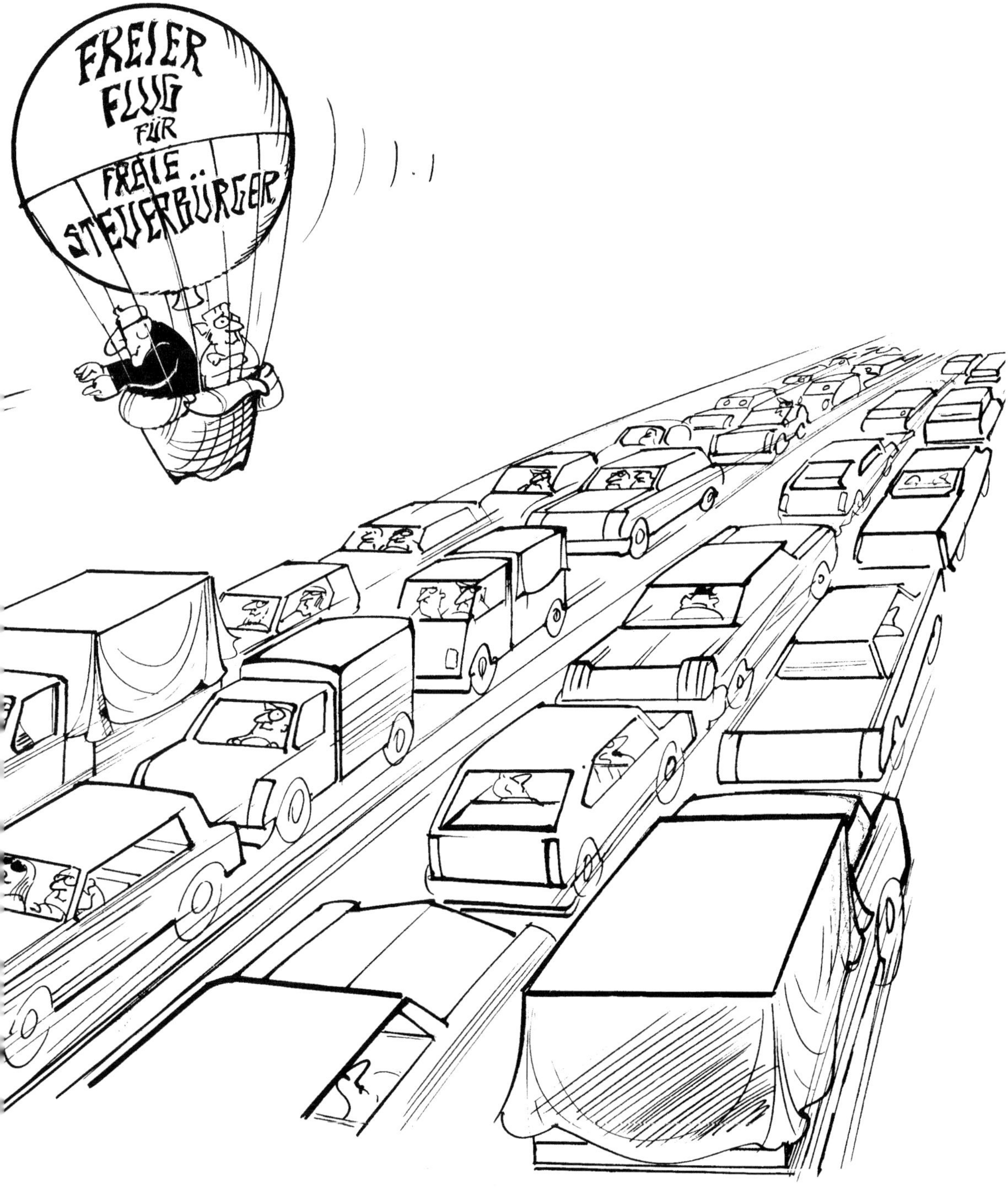
FREIER
FLUG
FÜR
FREIE
STEUERBÜRGER

Auf weniger begangenen Steuer-Pfaden kann man allerdings auch mal auf Abwege geraten. Dann sollte zumindest einer wissen, wie es weitergeht. Wer wohl?

ALTERSENTLASTUNG
RÜCKSTELLUNGEN
FREIBETRÄGE
SONDERAUSGABEN
BEWERTUNGS-
WAHLRECHTE

Von Dschungeln und Labyrinthen

Das Bild des Steuerdschungels ist reichlich abgegriffen, aber es ist was dran. Wildwuchs behindert die Übersicht, aber erlaubt auch Nischenexistenzen am Rande, in denen sich Mandanten, jedenfalls eine Zeit lang, wohlfühlen können. Wenn nur der Steuerberater gewußt hat, wo.

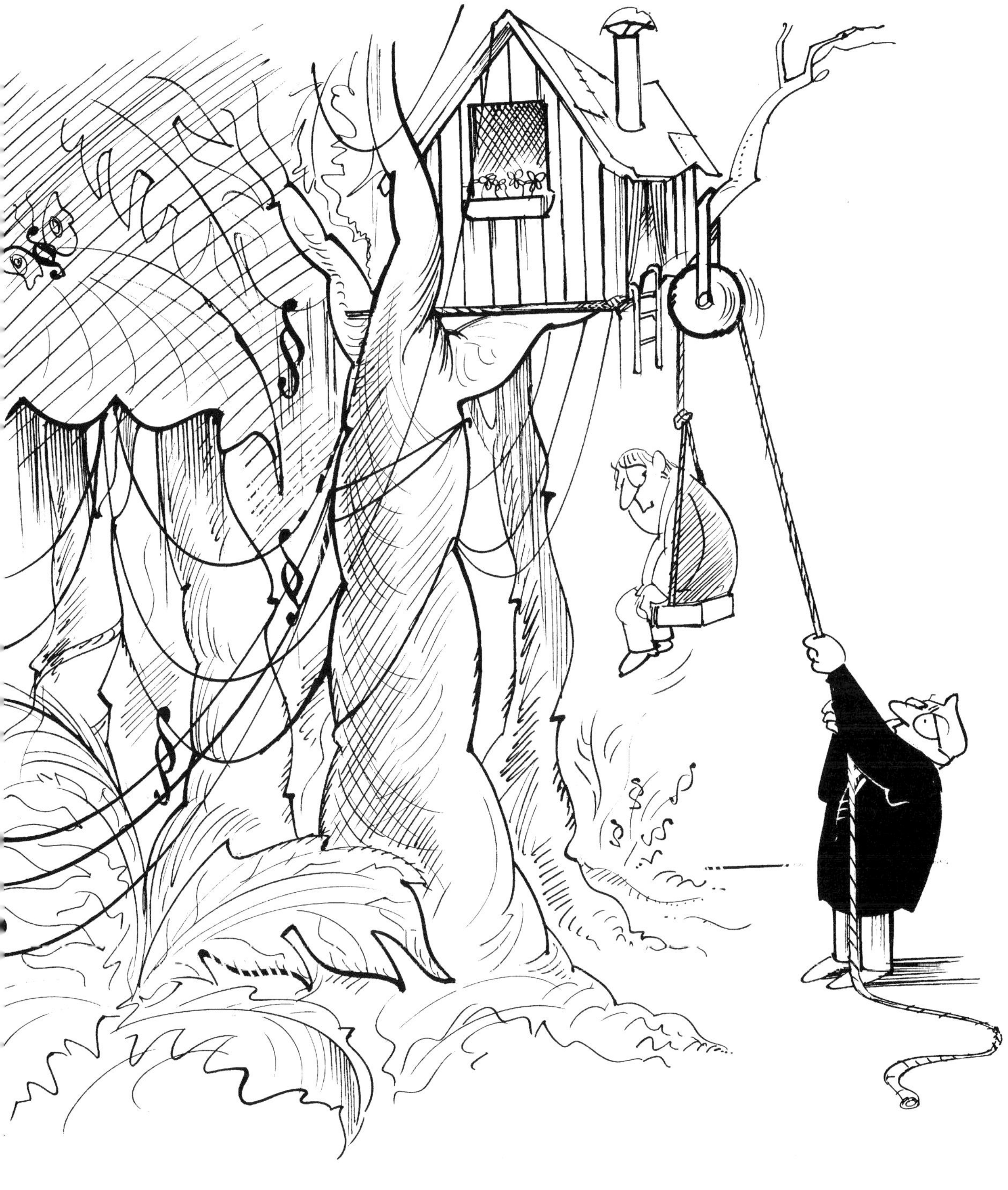

Manchmal muß eine Steuerberaterin ihren Mandanten, wie einst Ariadne ihren Theseus auf Kreta, allein ins Steuerlabyrinth schicken. Ohne handfesten Leitfaden wäre eine Wiederkehr unmöglich.

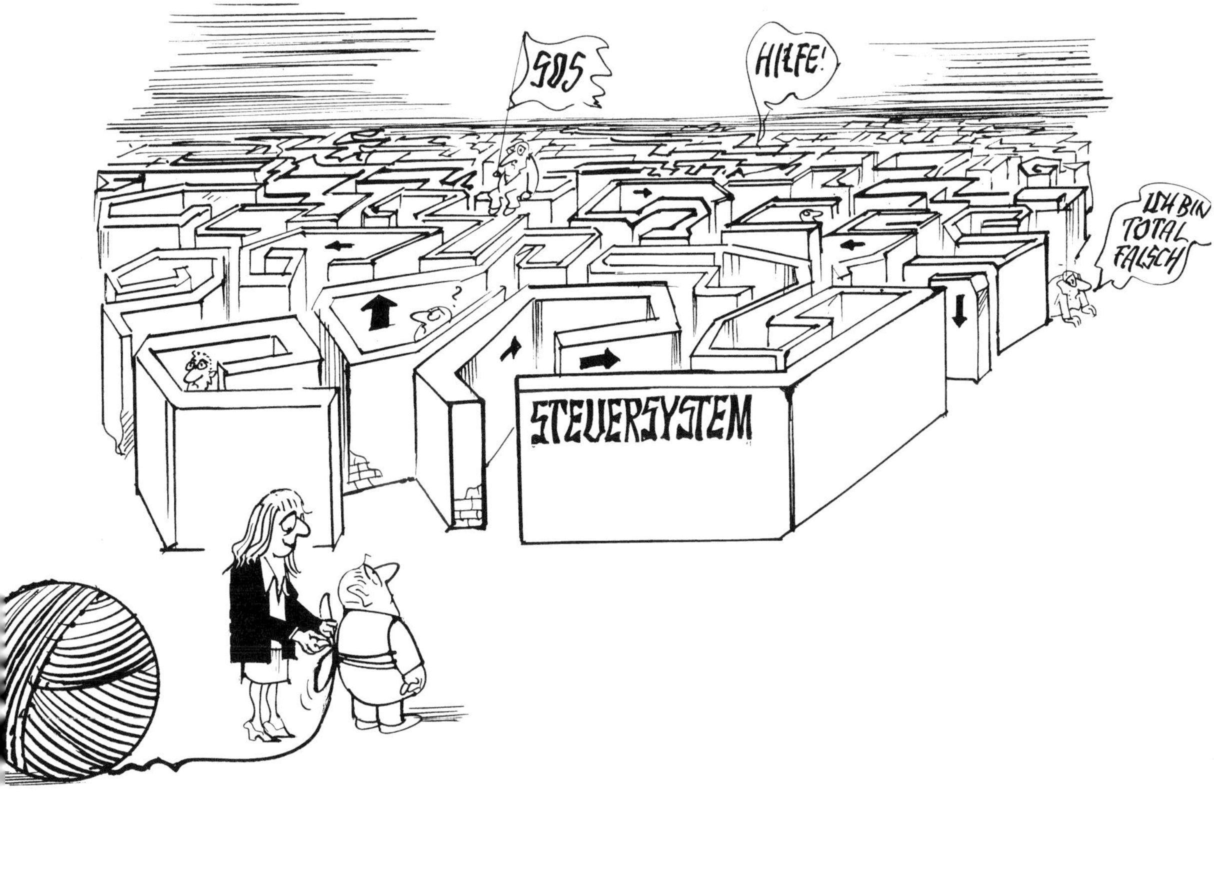
SOS
HILFE!
ICH BIN TOTAL FALSCH
STEUERSYSTEM

Von Oasen und Paradiesen

Von Steueroasen und Steuerparadiesen wird so oft gesprochen, daß auch hier was dran sein muß. Natürlich gibt es auch die unerreichbare Fata Morgana; aber es gibt auch mitten in der Wüste die Ruheplätze für erholungsbedürftiges Geld.

Wer hier der Versuchung nicht widerstehen kann, sich eines ganz legalen Steuervorteils zu bedienen, dem wird der dienstbare Steuerberater eine „Erfrischung" nicht versagen.

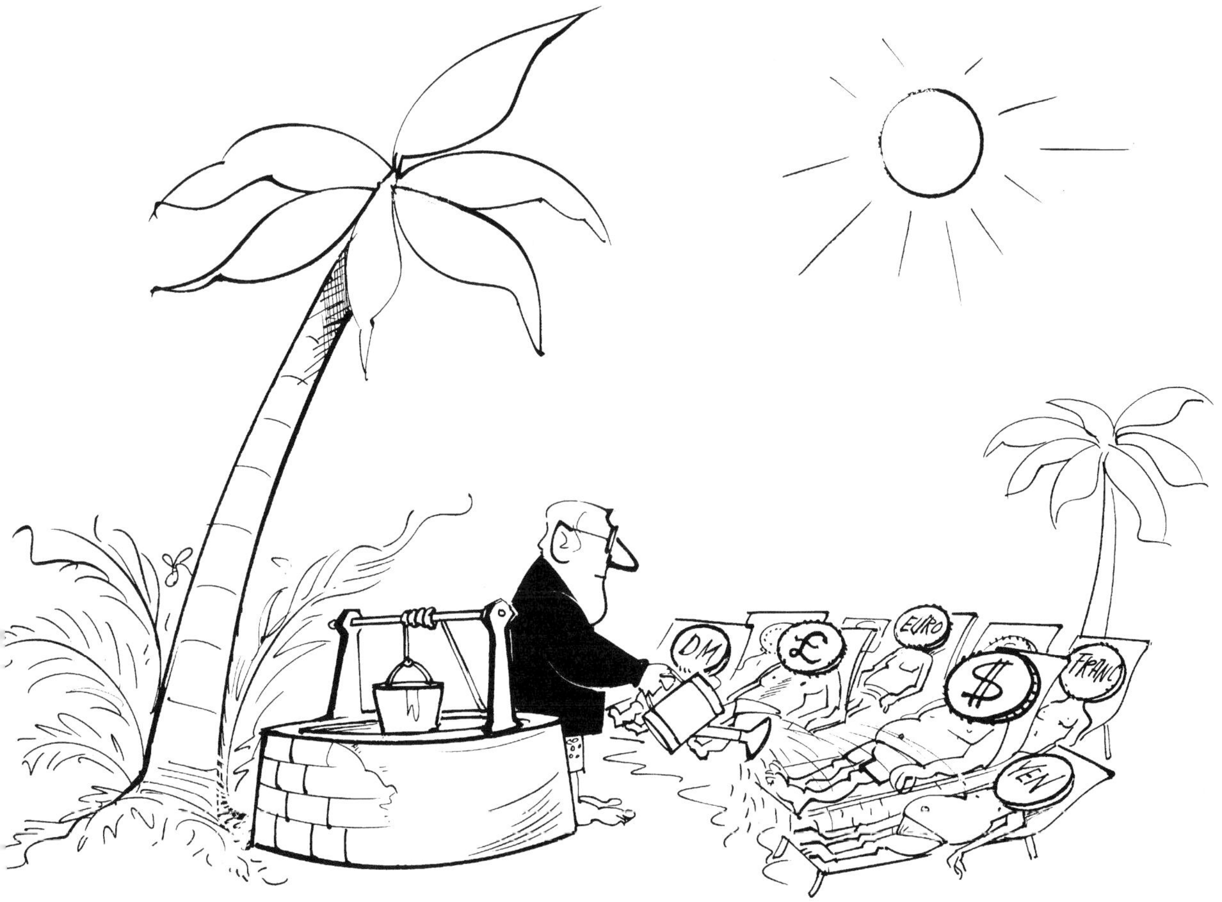
DM
£
EURO
$
FRANC
YEN

Man kann darüber streiten, ob es wirklich ein „Sündenfall" ist, die Früchte vom Baum der Steuererkenntnis zu essen. Steuerpflichtige, die nackt sind, haben eigentlich nichts mehr zu verlieren und können durch „Erkenntnis" nur gewinnen. Das hat der Steuerberater bei seinem Angebot richtig erkannt.

Essen oder nicht essen – das ist dennoch die Frage: Das kleine Steuerparadies mag für einige Menschen ein angenehmer Daueraufenthalt sein; sich aber frei bewegen zu können und dazu noch zu wissen, was gut und böse im Steuerrecht ist – das ist keine schlechte Alternative.

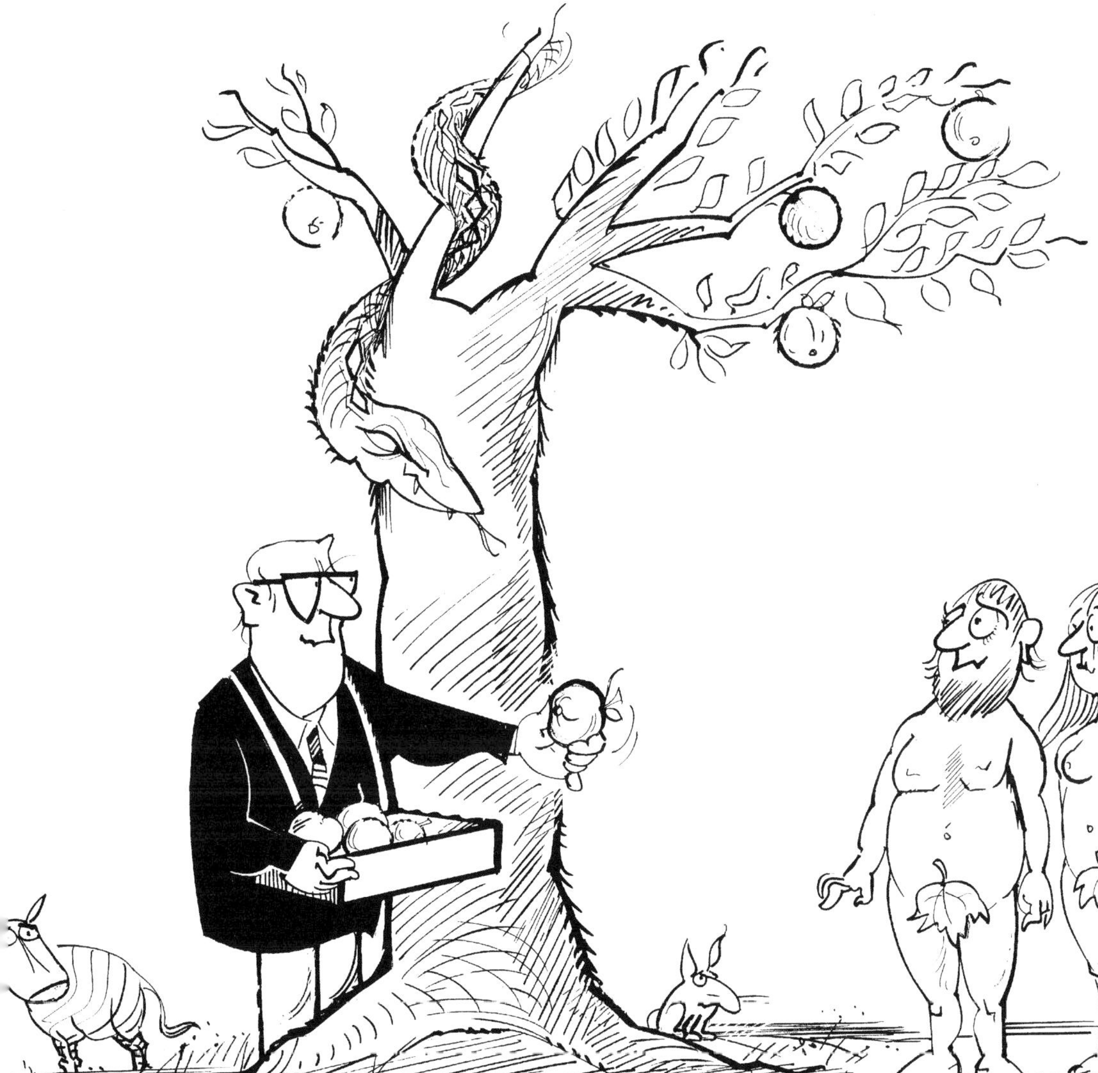

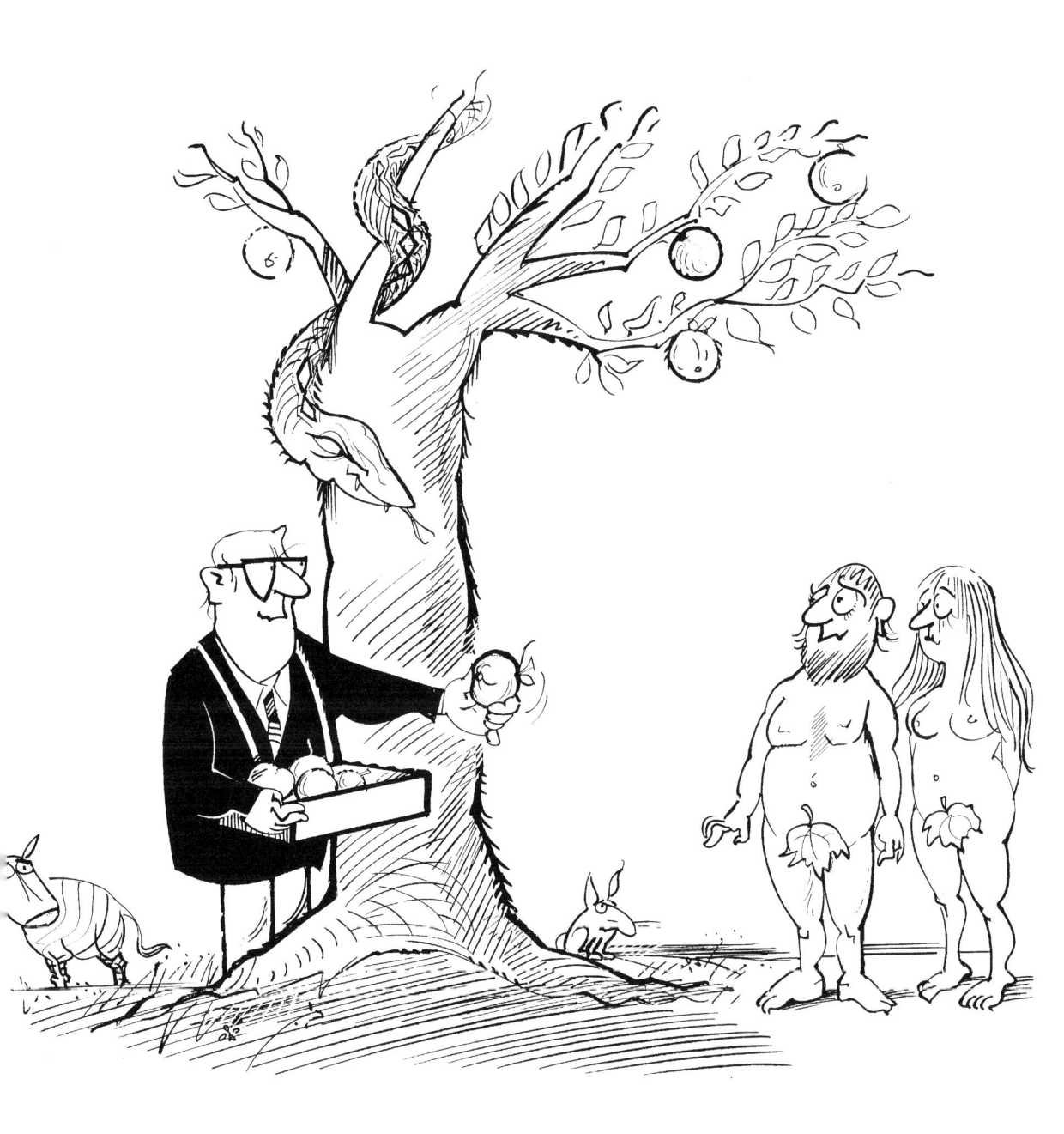

Von findigen Eigenschaften

Suchet, so werdet ihr finden, heißt es in der Bibel. Suchen, das bedeutet: nicht warten, bis mir das Finderglück hold ist, sondern aufbrechen, sich regen, Führung übernehmen, achtsam sein, Perspektiven haben. So suchende Steuerberater finden auch die richtige Steuergestaltung.

Der Scout

Er muß nicht unbedingt Mitglied einer Pfadfinder-Organisation sein. Er hält auch nicht nur für Unternehmen und Fußballvereine Ausschau nach neuem Personal. Der Steuerberater-Scout bemüht sich, möglichst täglich für seinen Mandanten eine „gute Tat" zu tun und im übrigen „allzeit bereit" zu sein – von der Wiege bis zur Bahre.

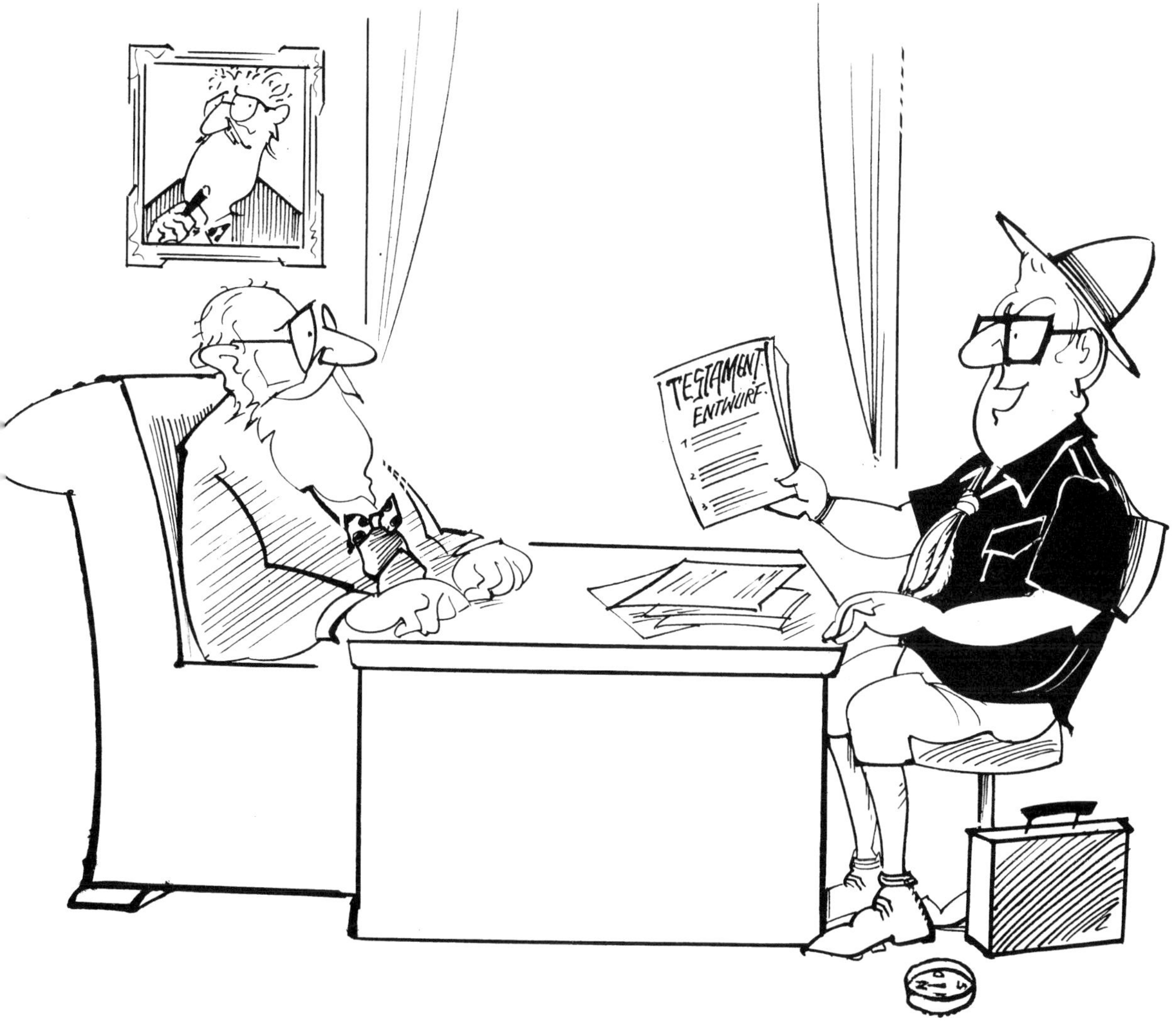
TESTAMENT
ENTWURF

Die Trainerin

Nicht immer macht sich der Steuerberater selbst auf, um neue Pfade zu finden. Der seiner Grenzen bewußte Dienstleister weiß nur zu genau, daß sein Mandant der eigentliche Leistungssportler ist. Er ist der Mindestens-Zehn-Kämpfer, der die Latte nicht werfen, die Linie nicht überschreiten darf, die Hürden nehmen muß.

Die Steuerberaterin konditioniert aber ihren wettbewerbserfahrenen Sportsmann, z. B. durch Übernahme der Finanz- und Lohnbuchhaltung bis zur Abschlußerstellung, jedes Jahr neu und kann deshalb auch Empfehlungen zu Investitionsvorhaben, zur Finanzierung, zur Inanspruchnahme staatlicher Subventionen und zur Organisation geben, auf die der möglicherweise betriebsblinde Spitzensportler allein nicht kommen würde. Aber gedopt wird hier natürlich auch nicht.

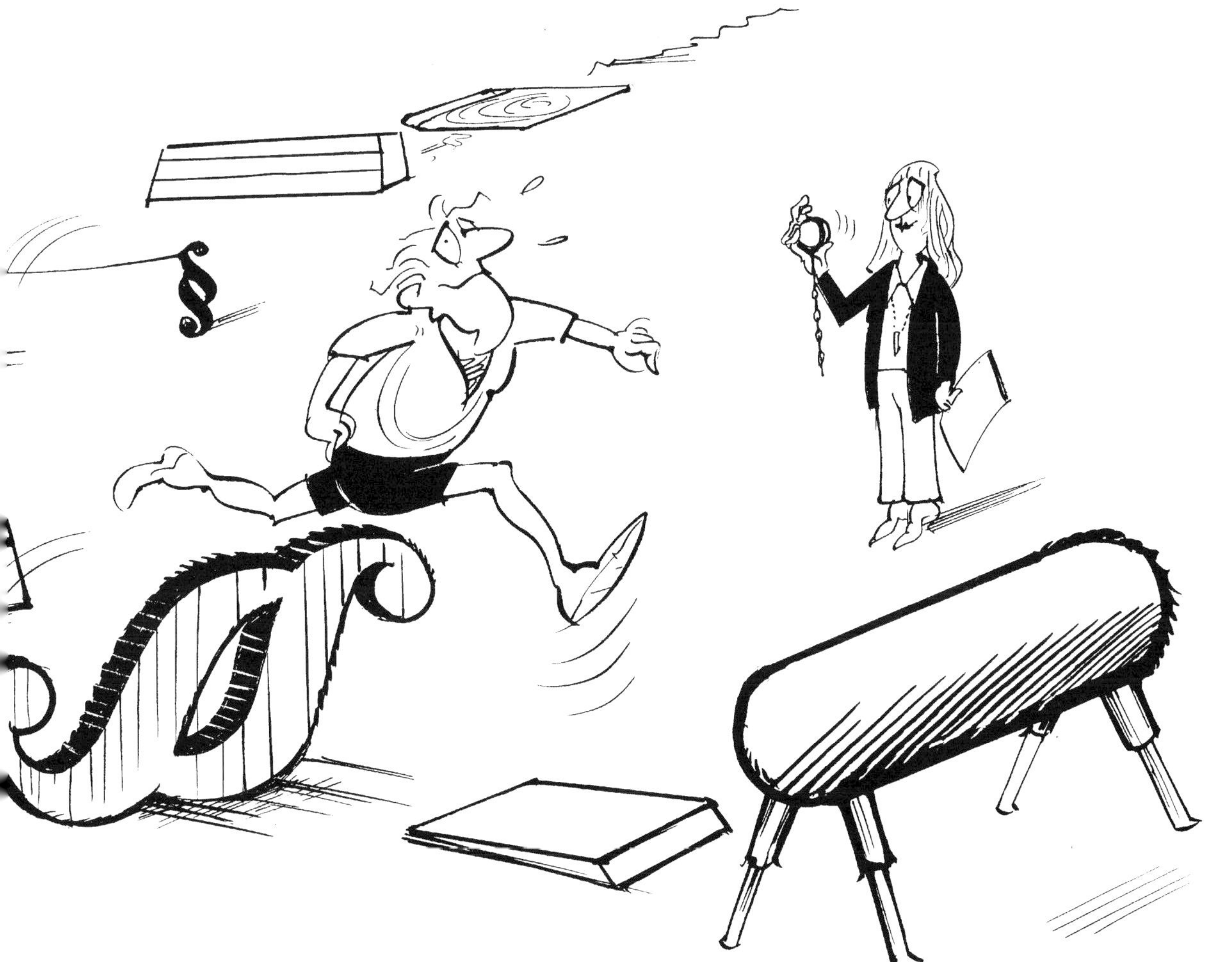

Der Bastler

Hier geht es nicht um Kleinkinder-Kram. Das Wort „Bastler" macht vielmehr deutlich, daß bei dieser Art von Gestaltungsberatung höchstpersönliche Kreativitäten und Fertigkeiten des Steuerberaters gefordert sind.

Konzern-Bastler z. B. wissen, daß alle Gestaltungselemente ausgewogen sein müssen, damit die Steuerfolgen keinen Überhang haben. Und Windmacher sind hier ganz fehl am Platze.

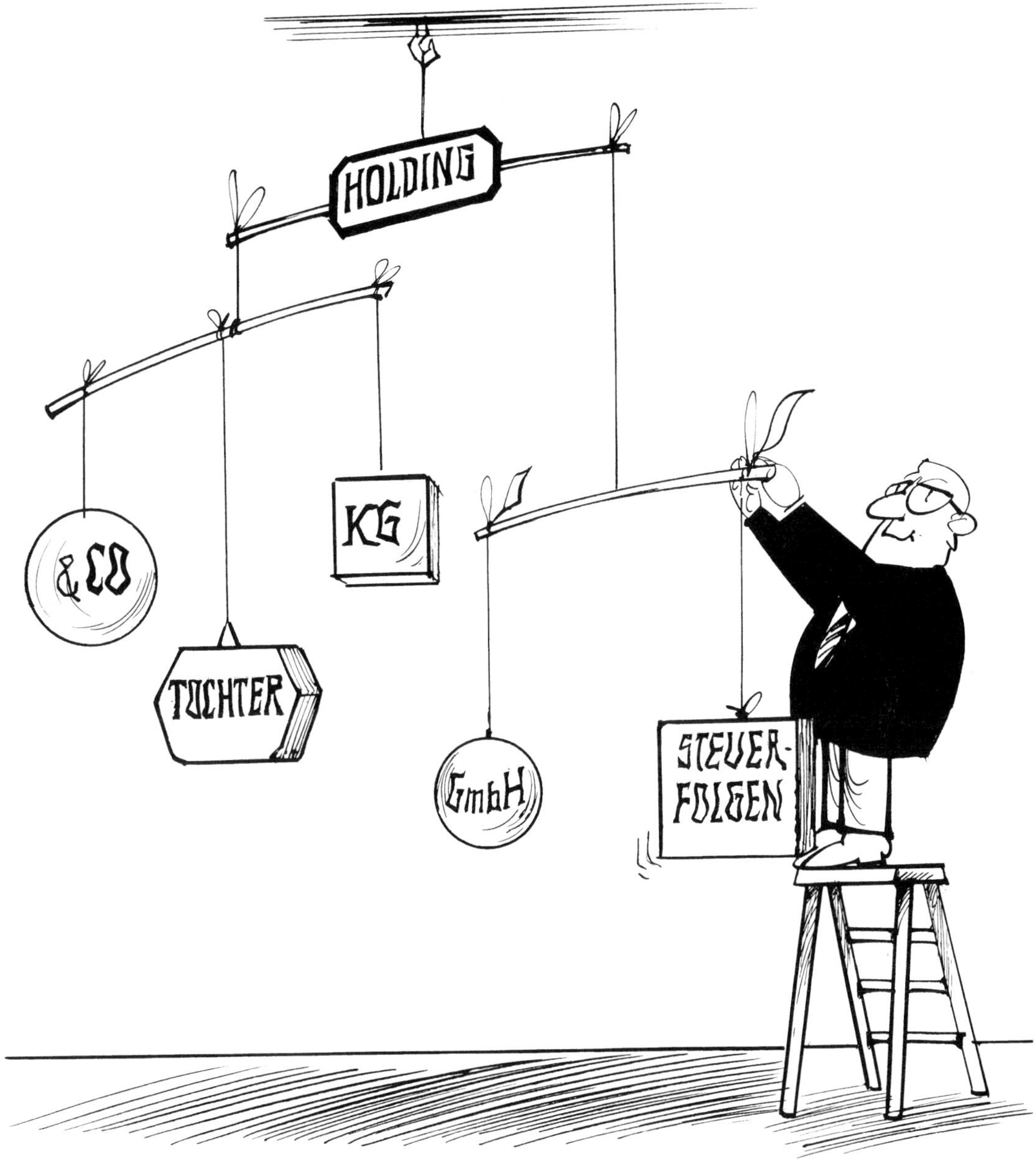
HOLDING
KG
&CO
TOCHTER
GmbH
STEUER-
FOLGEN

Der Brückenbauer

Was macht man, wenn man auf „Lücken im Gesetz" stößt?

Juristen mühen sich notfalls mit Auslegungsproblemen; Steuerberater überbrücken die Lücken. Das heißt, sie nutzen die erkannte Lücke nicht einfach aus und umgehen damit die Steuer in mehr oder weniger plumper Weise, sie gestalten vielmehr die Steuerwirkungs-Landschaft so neu, daß unwegsames Gelände gar nicht mehr berührt wird. Die Überbrückung ist relativ stabil; wohin sie genau führt, ist noch nicht gewiß – ein Wolkenkuckucksheim ist es jedoch mit Sicherheit nicht. Die mobile Brücke kann übrigens jederzeit an einen anderen schwierigen Ort verlegt werden.

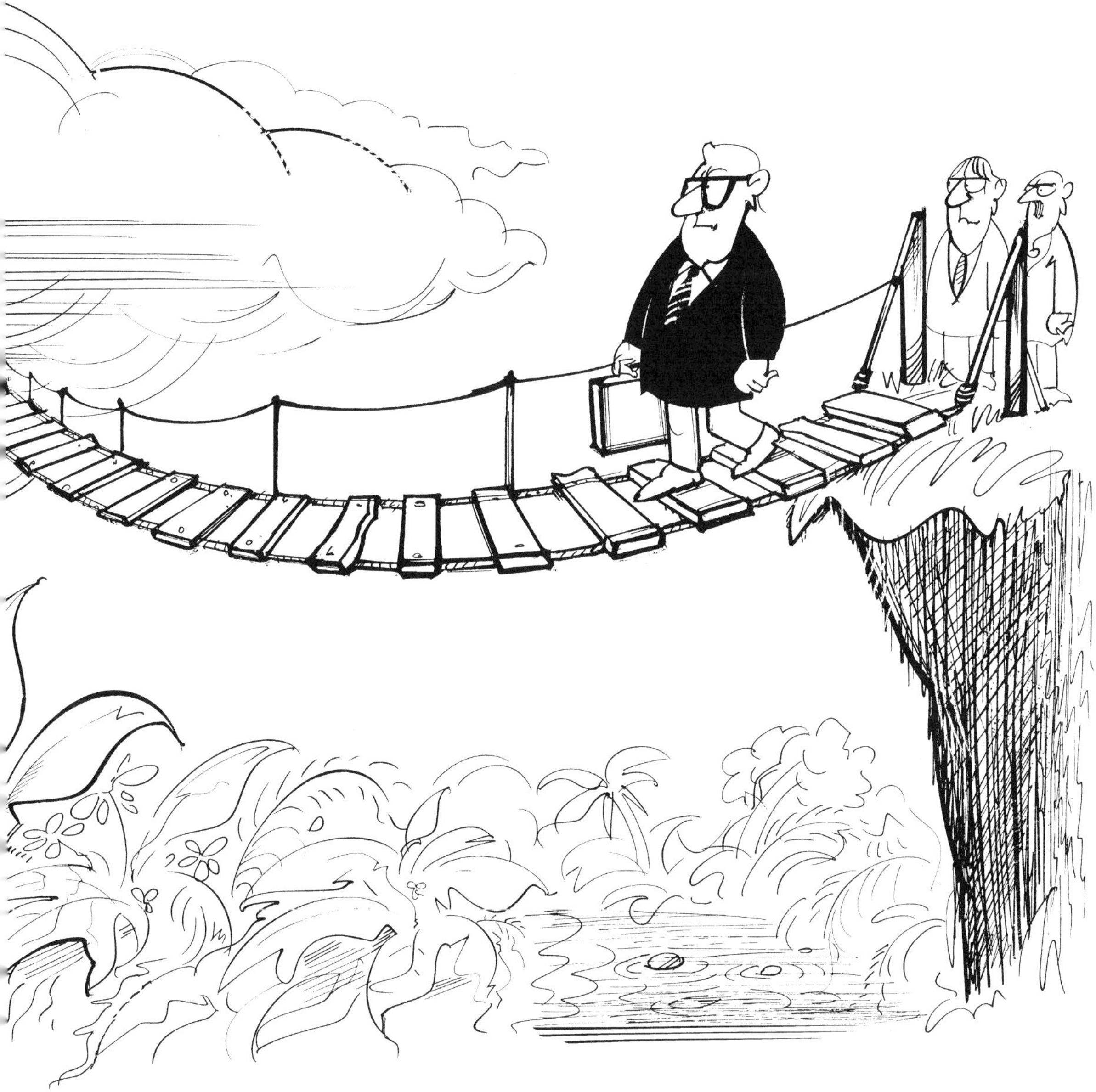

Der Bergführer

Ob Sherpa oder Bergführer – wenn's ins Gebirge geht, ist der Steuerberater der Spezialist für Seilschaften: Im Team mit seinem Mandanten ist er zum Erfolg verdammt. Lawinen, Gletschern, Felsspalten weiß er auszuweichen. Der gemeinsame Blick vom Gipfel ist sein schönster Lohn. Der ungeübte Mandant mag sich derweil fast wie in Abrahams und Sarahs Schoß fühlen.

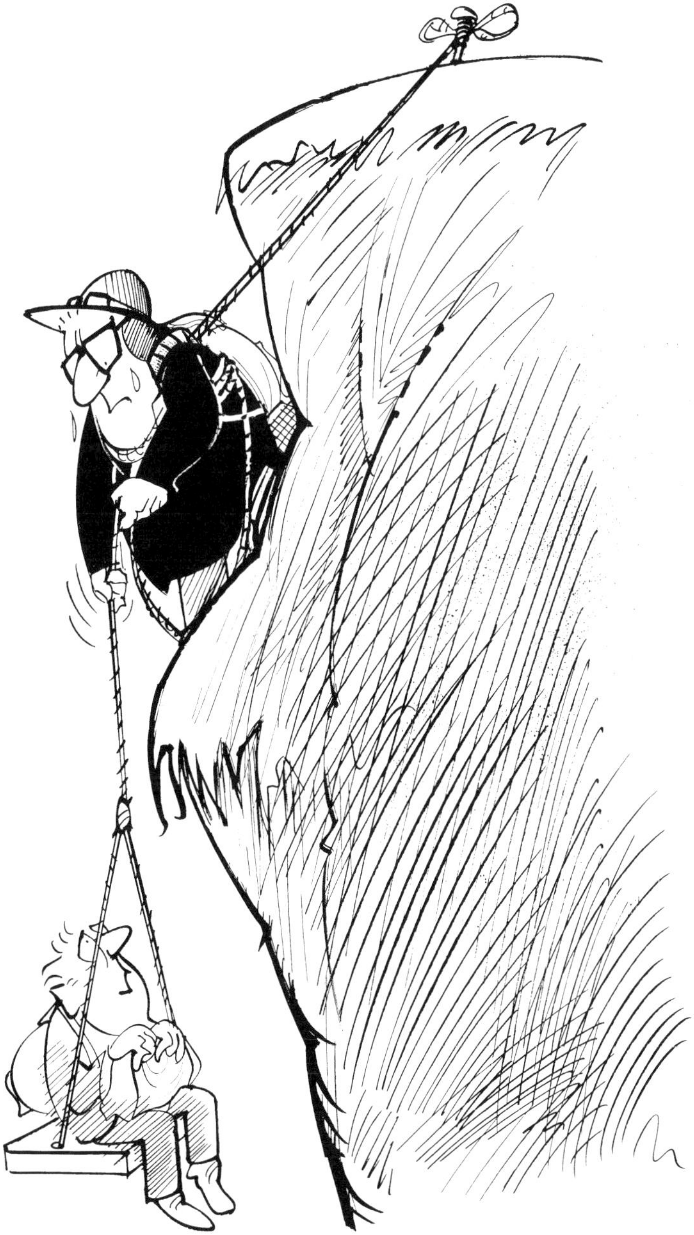

Die Rutengängerin

Manchmal ist die Steuerberaterin mit einem sechsten Sinn ausgestattet. Sie weiß, wo die Wasser- und Goldadern liegen, welche Unternehmensform richtig ist, welche Vorschriften einer Steuergestaltung entgegenstehen, und wo das Urteil steht, das den eigenen Fall ziemlich genau trifft. Und das alles ist keine Hexerei.

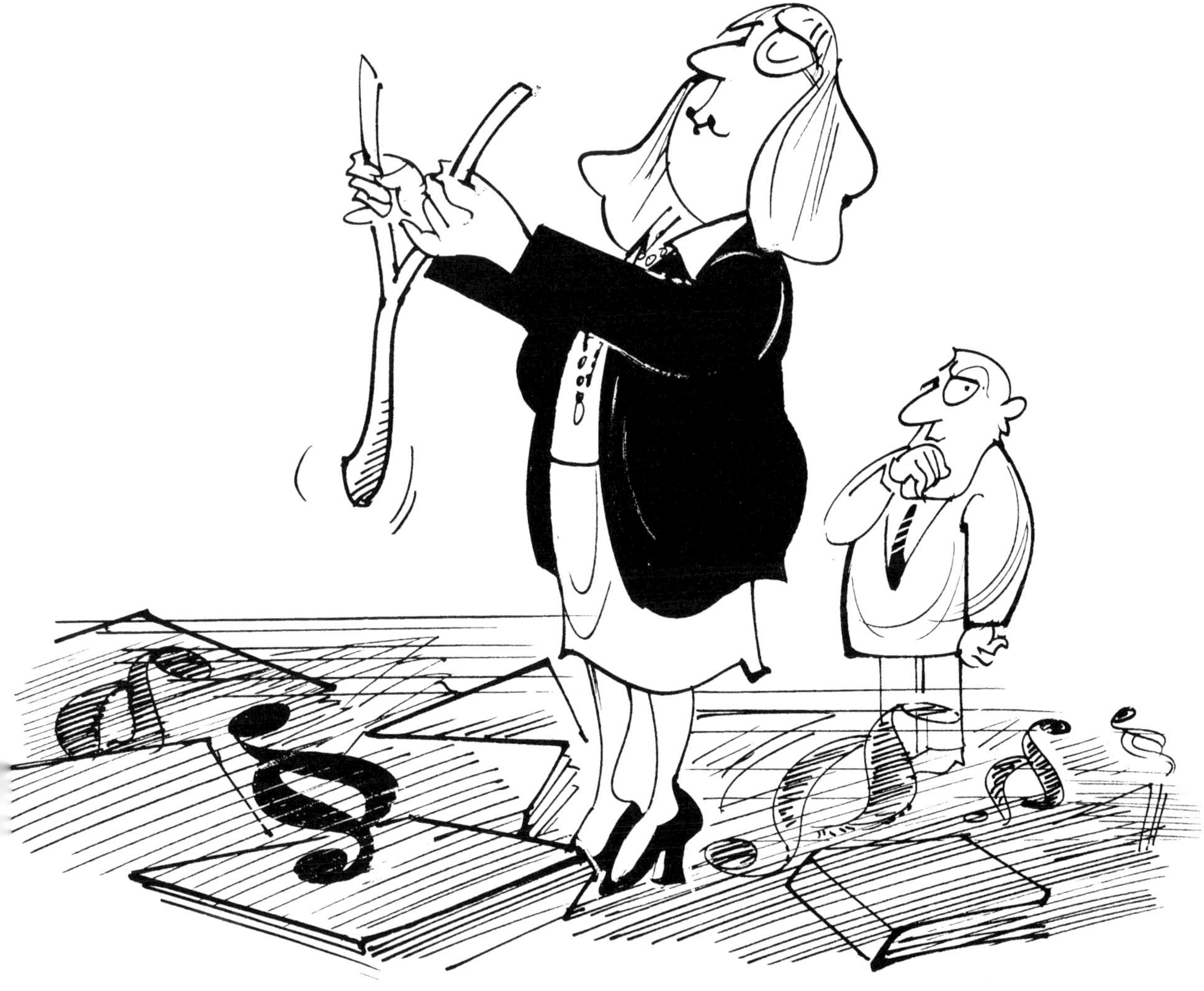

Der Jongleur

Und manchmal erscheint der Steuerberater wie ein rechter Tausendsassa, geradezu zirzensische Fähigkeiten sind gefragt. Sie stehen jedoch in keinem guten Ruf: Wer „nur" mit schön anzusehenden Paragraphen jongliert, gilt leicht als nicht seriös. Wer jedoch mit verschiedenen Steuern und Gestaltungsformen so virtuos umgehen kann, daß sie sich wechselseitig nicht stören und immer wieder „im Griff" bleiben, kann es durchaus zum Meister seines Metiers bringen.

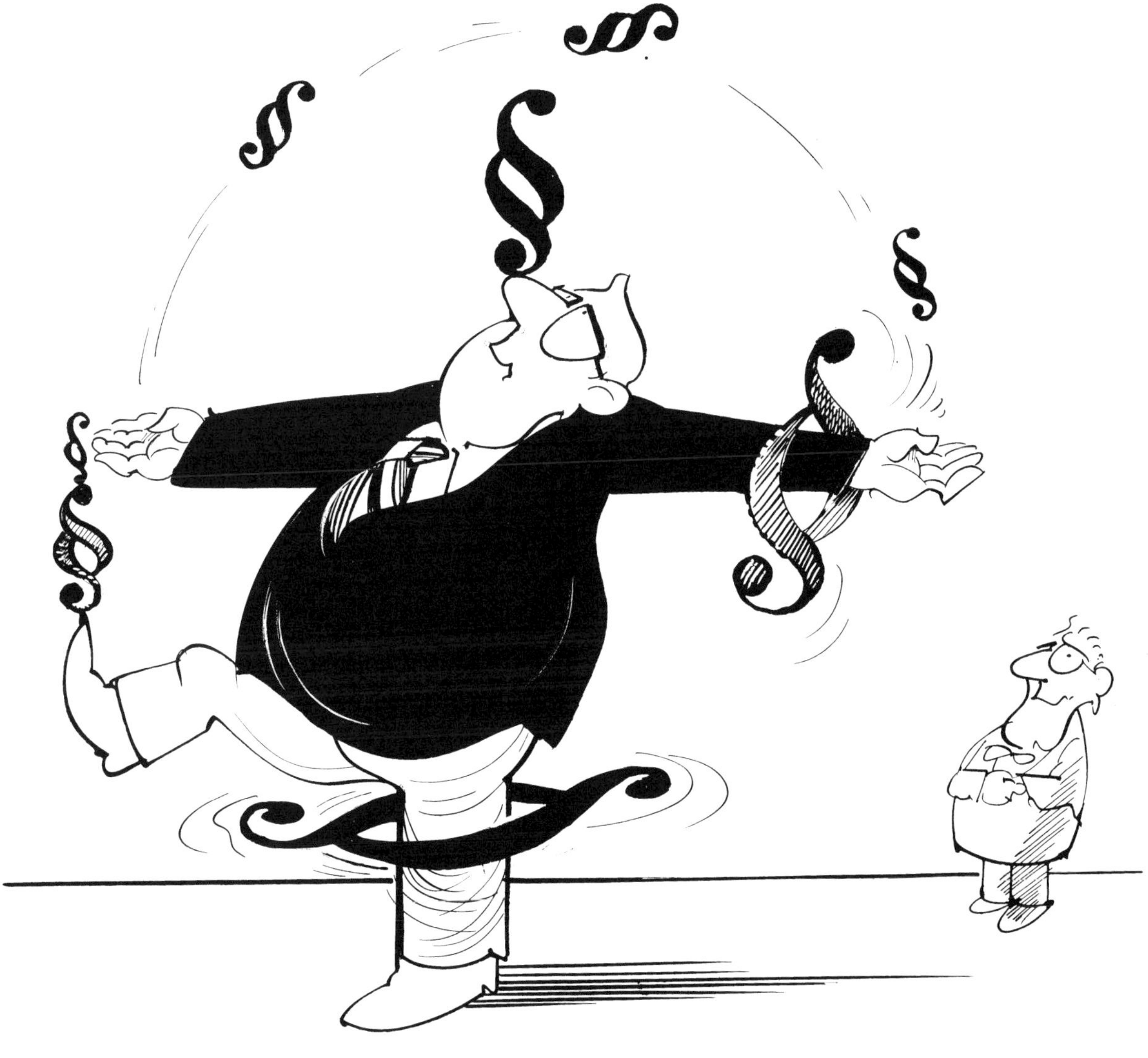

Der Führer zum Gelobten Land

Das „Gelobte Land" ist das Land, in dem Milch und Honig fließen, in dem Steuern einfach und gerecht sind. Auch charismatische Führer – wie Moses – werden es selbst nicht sehen, sie halten aber die Hoffnung wach, daß es erreicht werden kann.

Der Steuerberater ist schon von Hause aus eher Realist denn Visionär. Und eine Steuer-Landschaft, in der er gänzlich überflüssig wäre, mag er sich auch nicht so gerne vorstellen. Aber warum sollte er nicht – auch mit Hilfe seiner Berufsverbände – bei sich und anderen die Hoffnung schüren, daß das altgediente Steuerrechtssystem im nächsten Jahrzehnt oder im nächsten Jahrhundert doch noch ein wenig einfacher und gerechter wird? Der Weg des Pfadfinders ist auch hier das Ziel.

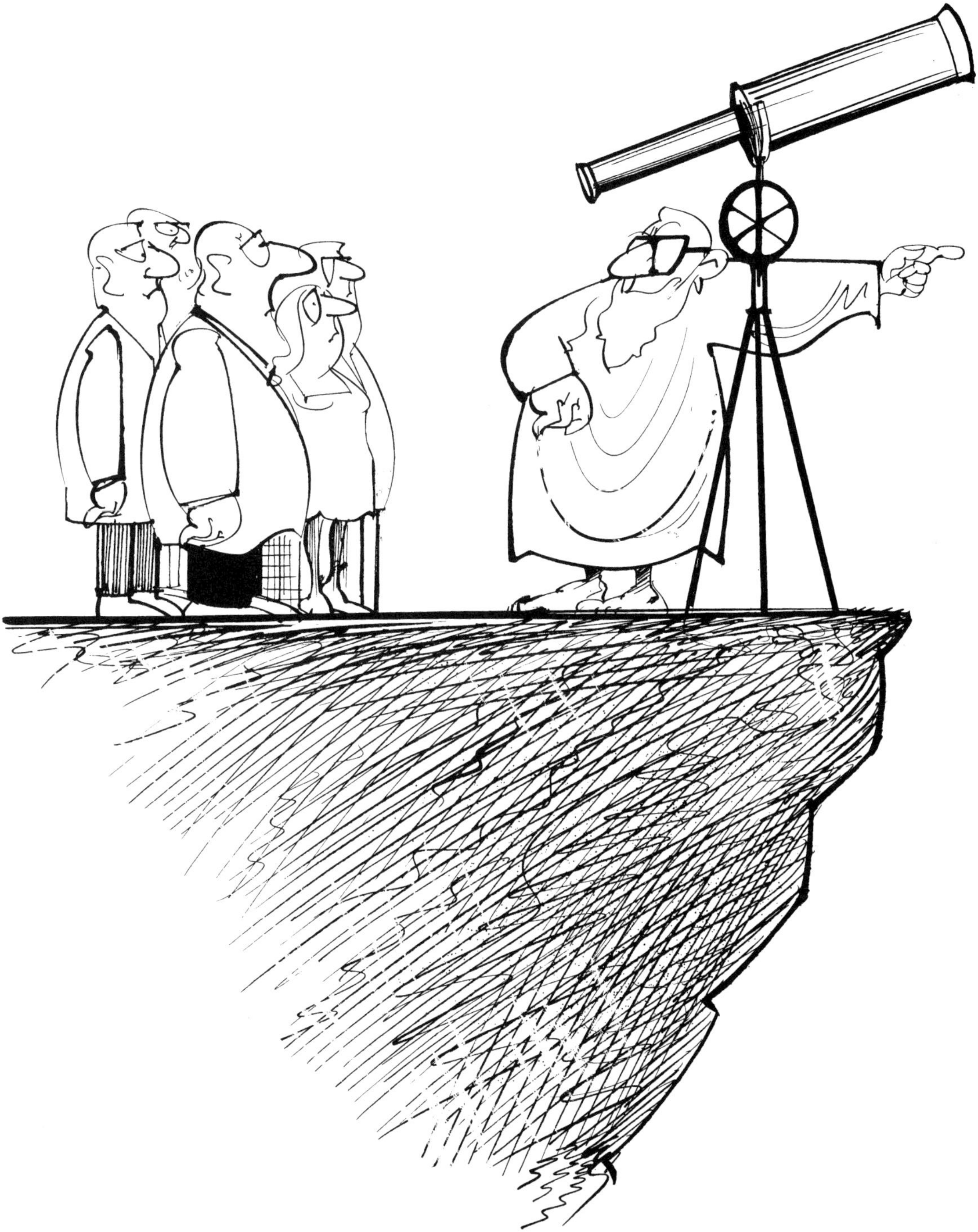

Nachspiel
oder Warum eine Regenschirm-Steuer oder eine Wasserstiefel-Steuer die Steuerberater nicht arbeitslos machen wird

Steuerberater wissen, daß ein Steuersystem, das dem Ei des Kolumbus gleicht und das Problem der Quadratur des Zirkels löst, einfach *und* gerecht sein muß und daß ein nur einfaches Steuersystem zu keinem guten Ende führen wird. Wie leicht ist der Vorwurf zur Hand, das sagten die Steuerberater nur, weil sie von der Kompliziertheit des Steuerrechts lebten.

Das stimmt nicht. Damit es aber alle glauben, hat René Macart[*] die nachfolgende Geschichte erzählt:

---

[*] In Vor Steuerhinterziehung wird gewarnt, aus dem Französischen übersetzt von Helmut Schulze-Borges, Köln 1962, S. 105

In der freien Republik Sokratiens war das Steuerwesen genau wie bei uns heruntergekommen und wegen seiner Kompliziertheit vollkommen unanwendbar geworden. Eines Tages erreichte ein kluger Parlamentarier einen unerhörten Erfolg, der ihm begeisterte Ovationen aller seiner Kollegen von links wie rechts einbrachte. Er hatte soeben dargelegt, daß es möglich sei, 53 Abgaben und 448 Steuern ganz einfach aufzuheben, die die Wirtschaft Sokratiens lahmlegten, und sie durch einen einzigen Beitrag zu ersetzen, dessen Gesetzestext aus zwei Zeilen bestünde:
Erster (und einziger) Paragraph:
„*Jeder Besitzer eines Regenschirms muß eine jährliche Abgabe von 1000 Francs zahlen.*"
Nachdem er in glänzender Rede den Vorzügen des genialen Planes gehuldigt und seinen Urheber mit Lob überhäuft hatte, machte er sich zum Sprecher der Bedenken des Ministers für die bewaffneten Streitkräfte. Er bat darum, daß man vor jeder Erörterung im Plenum doch geruhen möchte, feierlich zu erklären, es solle der Schirm der Korporalschaft von jeder Steuer ausgenommen sein. Alle stimmten wie ein Mann mit erhobener Hand dafür, und dann wurde die Diskussion auf eine Woche vertagt.
Der erste Abgeordnete, der nach acht Tagen auf der Rednerbühne erschien, gehörte zur Linken...
Er verlangte eine Ermäßigung der Steuer für Regenschirme aus Baumwolle, die gewöhnlich von Angestellten und Fabrikarbeitern benutzt werden, um sich zur Arbeit zu begeben.
Außerdem beantragte er eine Steuerbefreiung, wie man sie auch sonst zugunsten der wirtschaftlich Schwa-

chen zuläßt, für alte Arbeiter und Schulkinder, und schließlich, aus Gott weiß welchen Gründen, eine Erhöhung der Steuer auf die Regenschirme, die üblicherweise am Arm eines Polizisten in Zivil hängen. Ein Vertreter der Rechten folgte ihm auf das Rednerpult und setzte eine Ermäßigung von 75 Prozent für jeden Regenschirm aus Seide oder aus Baumwolle durch, der von den heldenhaften Versehrten des letzten Krieges in Form eines Stockschirms gebraucht wird. Schließlich stimmte man dem Wunsche der Linken zu, die den gleichen Vorteil zugunsten der Widerstandskämpfer bekam.

Ein anderer Parlamentarier der Rechten ließ einfließen, daß ein Baumwollschirm mit einem kostbaren Handgriff geschmückt sein könne, der seinen Wert vermehre und ihn kostbarer mache als einen Regenschirm aus Seide. Es sei daher doch wohl richtig, daß eine zusätzliche und progressiv ansteigende Steuer beschlossen und auf wertvolle Schirmgriffe angewendet werde.

Ein Jurist fragte, ob die Steuer im Falle der Weitergabe eines Regenschirmes übertragbar sei, ob diese Übertragung der Steuer freihändig oder durch Einschaltung der Verwaltung durchgeführt werden solle und ob im letzteren Falle der Verkäufer oder der Erwerber die notwendigen Schritte unternehmen müsse. Ein Gemäßigter gab seine Bedenken bekannt: Ihm scheine es gerecht, die Armen teilweise zu befreien und die Reichen um einiges mehr zu belasten. An dem Entwurf sei außerdem zu tadeln, daß er nicht die Fälle der Schirmreparatur und -aufarbeitung behandele. Er schlug einen dem Alter des Stückes und der Zahl der Reparaturen entsprechenden degressiven Tarif vor. Es wurde ein Ausschuß gebildet, der in wenigen Tagen einen „allgemeinen Tarif" ausarbeitete, der allerdings nicht weniger als

19 Abweichungen nach oben und nach unten enthielt. Dabei handelte es sich u. a. um folgende Fragen:
Ein Regenschirm von einem Hahnrei, der auf dem Kopf eines Rivalen zerbrochen wird: 20 Prozent Ermäßigung auf die allgemein in der Steuertabelle vorgesehene Ermäßigung.

Ein Regenschirm, der auf dem Kopf eines politischen Gegners zerschmettert wird: 10 Prozent Erhöhung auf die Ermäßigung, die in der Tabelle vorgesehen ist (auf Vorlage der Mitgliedskarte seiner Partei).
Ein Regenschirm, der auf dem Kopf eines Landstreichers zersplittert: 20 Prozent Ermäßigung (bei Vorlage eines Polizeiausweises).
Ein anderer Abgeordneter erklärte, ihm erscheine es nicht gerecht, daß ein Regenschirm, der schon zahlreichen jährlichen Besteuerungen unterworfen worden sei, nach dem Tode seines Besitzers noch einmal bei den Erben besteuert werde. Es

folgte dann eine recht lebhafte Erörterung über diese Sache, bei der die Regierung, nachdem sie die Vertrauensfrage gestellt hatte, beinahe gestürzt worden wäre.
Bei Wiedereröffnung der Sitzung entrüstete sich ein Abgeordneter des Departements, in dem sich die größte Schirmfabrik befand, darüber, daß man diesen Industriezweig von einem Tag auf den anderen zerstören wolle, weil man das ganze Gewicht des Finanzwesens Sokratiens ungerechterweise nur auf seine Schultern lege. Er fragte, welche Gründe verböten, gleiche Steuern auf Wasserstiefel anzuwenden. Diese heftige Intervention machte großen Eindruck, so daß die Steuer auf Wasserstiefel im Prinzip schließlich mit einer beträchtlichen Mehrheit angenommen wurde.
Dann fragte ein anderer Abgeordneter, welche Maßnahmen der Finanzminister gegen die zu treffen beabsichtigte, die weder Wasserstiefel noch Regenschirme trügen und so ganz offensichtlich die Gesetze der Republik mißachteten. Dieser Vorschlag brachte ihm wütende Proteste von bäuerlichen Abgeordneten ein. Der folgende Redner bemerkte, wenn es wahr sei, daß ein Regenschirm auch als Sonnenschirm benutzt werden könne, auch ein Sonnenschirm als Regenschirm dienen könne. Man müsse also bei

der Besteuerung auch die Sonnenschirme ins Auge fassen. Das brachte ihm den Vorwurf ein, ein Tölpel und Weiberfeind zu sein. Trotzdem setzte er bei der Abstimmung eine empfindliche Strafe für Steuersünder durch, die den Schirm wechselweise benutzten.

Von Abänderung zu Abänderung dauerten die Debatten mehrere Wochen. Als man schließlich zur Schlußabstimmung kam, enthielt das Gesetz 1245 Artikel. In der Hauptsache besagte es, daß jeder Besitzer eines Regenschirms oder von Wasserstiefeln einen steuerlichen Personalausweis tragen müsse. Er enthielt auf der einen Seite Personalien, Fotografie und Fingerabdrücke des Steuerpflichtigen, auf der anderen Seite den Regenschirm oder die Wasserstiefel, von vorn und von der Seite fotografiert, das Datum des Kaufs, seinen Ursprung, seinen Preis, eine allgemeine Beschreibung, die Zahl der Reparaturen, ihre Preise, die Anschrift des Reparateurs usw. Der Ausweis sah im übrigen ein Verzeichnis der jährlichen Erklärungen an das Finanzamt, der Zahlungen, die dem Steuereinnehmer geleistet wurden und verhängte Geldstrafen, Steuerermäßigungen und ihre Begründung, Hinweise auf Übertragungen und Rechtsnachfolge, Gegenstände vom gleichen Typ im Besitz der verschiedenen Familienmitglieder usw., usw. vor. Das Ganze war geschmückt mit Stempeln und verschiedenen Tampons, die die Karte praktisch unlesbar machten. Schließlich stellte ein benachbartes Königreich, das Wasserstiefel in großen Mengen exportierte, eine Verminderung seiner Produktion fest, die von den Restriktionen herrührte, die sich die Sokratier auferlegten, um die Steuer zu vermeiden. Als sein Protest nicht beachtet wurde, errichtete es als Repressalie eine Zollbarriere für den Import von Pfeifenrohren, von denen Millionen Sokratier lebten. Es gab Feierschichten und eine schreckliche Wirtschaftskrise.

Es waren erst sechs Monate ins Land gezogen, nachdem die neue steuerliche Ordnung in Sokratien eingeführt war, als ein Staatsstreich in Sokratien zum Sturz der Republik und einen Diktator zur Regierung führte: den tapferen General Sabrocler.

Ausblick

Diktaturen lösen das Besteuerungsproblem nicht – das haben Steuerberater in diesem Jahrhundert zur Genüge erfahren: Mangels Wahl- und Entscheidungsfreiheit der Steuerpflichtigen werden Steuerberater einfach nicht gebraucht.

Aber auch und gerade in Demokratien lauern Gefahren. Zwei Szenarien für die Evolution von Steuersystemen sind denkbar; und die Steuerberater, die bekanntlich Steuern anders steuern, sind dabei nicht aufs bloße Zuschauen beschränkt.

Babylonische Sprachverwirrung

Die parlamentarischen Turmbauer zu Babel sind auf die Handwerker, die Vorbereiter und Anwender der Steuergesetze, angewiesen. Die Handwerker aber haben die Chance, den Prinzipfehler des Turmbaus zu erkennen[*], und können deshalb durch nachhaltigen Protest in allen rechtlich vertretbaren Formen auf die Grenzen des Machbaren hinweisen.

[*] Dazu im einzelnen Helsper, Die Vorschriften der Evolution für das Recht, Köln 1989, S. 2–6

HIER BAUT DER STEUERGESETZGEBER
GEGEN MACHBARKEITS WAHN!
WENIGER HEKTIK
§

– oder Entwicklung zu höherer Komplexität?

In der biotischen und kulturellen Evolution, an der auch ein Steuerrechtssystem seinen Anteil hat, haben es die Steuerberater mit einem universellen Schraubenprozeß zu tun: Jede gewandelte Erfahrung verändert die Erwartung, und jede gewandelte Erwartung läßt neue Erfahrungen machen. Es geht also darum, die Ergebnisse der „Praxistests" von Steuergesetzen, bei denen veränderungsbereite und -willige Steuerberater – auf ihre Weise balancierend – mitwirken, permanent in den Steuerrechtserzeugungsprozeß zurückzuspeisen und damit Steuerrechtsnormen anzustreben, die Selbstorganisation auslösen, d. h. Expertenkompetenz mobilisieren und in den Dienst öffentlicher Zielsetzungen stellen.*

---

* Vgl. im einzelnen Helsper, aaO., S. 246, und „Betriebs-Berater" 1995, S. 17

Unter Verwendung einer Graphik aus Riedl, Die Spaltung des Weltbildes – Biologische Grundlagen des Erklärens und Verstehens, Berlin/Hamburg 1985, S. 57

Geschenkbücher im Verlag Dr. Otto Schmidt

Juristen sind gar nicht so
Ein höchst subjektives Plädoyer für ihre Schwächen und Vorzüge

Gehalten von RA Dr. Hans Martin Schmidt und mit Karikaturen versehen von Walter Hanel. 7. überarbeitete Auflage 1994, 112 Seiten 17,8 x 21 cm, gbd. 29,– DM. ISBN 3 504 01854 3

„Typisch Jurist" – wer hätte diese spöttische Bemerkung nicht schon vernommen. Juristen begegnen ihr mit leisem Schmerz, Nicht-Juristen schießen sie wie einen spitzen Pfeil mit Spott und Häme ab. Dabei sind Juristen gar nicht so, wie suggeriert wird. Nämlich eigenwillig, arrogant, formalistisch und besserwisserisch. Oder doch? Dieses Werk geht all' jenen Schlagworten nach, mit denen der gesamte Berufsstand gemeinhin belegt wird. Mit Witz, Charme und Geist wird in einem Prozeß – ganz so, wie es sich für Juristen gehört – jedes Vorurteil auf Justitias Waage gelegt. Und wenn zum Schluß das Urteil der Autoren lautet: „Juristen sind gar nicht so", werden Sie vielleicht schmunzelnd feststellen: „Typisch Jurist."

Frauen haben immer Recht
Eine männliche Belehrung mit Gesetzestexten und Illustrationen

Von RA Dr. Hans Martin Schmidt und Walter Hanel. 3. Auflage 1986, 112 Seiten gbd. 24,– DM. ISBN 3 504 01847 X

„Männer und Frauen sind gleichberechtigt" heißt es im Grundgesetz. Warum gibt es dann in den Gesetzbüchern frappierend mehr Vorschriften, die sich mit Frauen befassen, als solche, die sich mit Männern befassen, fragen sich Autor und Karikaturist dieses Geschenkbuchs zur Blütezeit der Womens Liberation. Und beschließen, mit dem Schalk im Nacken, den weiblichen Spezialvorschriften in den Gesetzbüchern nachzugehen.

Die „Kleine Steuerweltgeschichte"

Von MinRat a. D. Dr. Alfons Pausch und Jutta Pausch. Herausgegeben in Verbindung mit dem Deutschen wissenschaftlichen Steuerinstitut der Steuerberater und Steuerbevollmächtigten e.V. In drei Bänden im Geschenkschuber zum Sonderpreis von 88,– DM. ISBN 3 504 01884 4

Kleine Weltgeschichte der Steuerzahler
Steueruntertanen – Steuerrebellen – Steuerbürger
122 Seiten, 1988, gbd. 28,– DM. ISBN 3 504 01873 9

Wie sind unsere Vorfahren mit den Steuerlasten ihrer Zeit zurechtgekommen? Gegen welche Bürden haben sie sich gewehrt? Diesen und anderen Fragen geht der 1. Band der steuergeschichtlichen Trilogie nach. Dem Lauf der Geschichte über fünf Jahrtausende folgend, ist es mal der zahlungsbereite, mal der revoltierende Untertan und Bürger, der im Mittelpunkt der Betrachtungen steht. Die Geschichte lehrt eindrucksvoll, daß die Spannungen zwischen Steuerobrigkeit und Steueruntertan so groß werden können, daß sie Ereignisse wie den amerikanischen Unabhängigkeitskrieg oder die Französische Revolution nach sich ziehen...

Kleine Weltgeschichte der Steuerobrigkeit
Steuerherren – Steuerverwalter – Steuerpolitiker
136 Seiten, 1989, gbd. 28,– DM. ISBN 3 504 01876 3

Nach den Steueruntertanen des ersten Bandes werden nun die Steuerobrigkeiten ins Visier genommen. Interessante Bilddokumente und ein unterhaltsam geschriebener Text vermitteln Ihnen kurzweilig, welchen Wandel Steuergesetzgebung und Steuerpolitik seit Urzeiten unterliegen.

Kleine Weltgeschichte der Steuerberatung
Zehntberater – Buchsachverständige – Steuerratgeber
128 Seiten, 1990, gbd. 28,– DM. ISBN 3 504 01879 8

Band 3 der „Kleinen Steuerweltgeschichte" folgt den Spuren der Steuerberatung als Bindeglied zwischen Steuerbürger und -obrigkeit. Auch wenn der Beruf des Steuerberaters sich erst in diesem Jahrhundert herausgebildet hat, gab es bereits in vorchristlichen Kulturen Mittler zwischen Fiskus und geschröpftem Steuerzahler. Sie schützten die Tributpflichtigen vor der Obrigkeit, willkürlichen oder überzogenen Zwangsbeiträgen und drakonischen Strafen.

Die Mozarts und die Steuern
Divertimento fiscale in zehn Sätzen
Von Dr. Johann Heinrich Kumpf. 134 Seiten, 1991, engl. brosch. 24,– DM.
ISBN 3 504 01891 7

Am Beispiel der bekannten Musikerfamilie gewährt Dr. Johann Heinrich Kumpf interessante Einblicke in Europas Finanz- und Steuerpolitik des ausgehenden 18. Jahrhunderts. Dazu wertete er zahlreiche Briefe, Aufzeichnungen und Dokumente aus dem Alltagsleben der Mozarts aus. Informationen über pekuniäre Angelegenheiten der Familie und interessante Reflektionen über damals aktuelle steuerpolitische Ereignisse zeigen auf charmante Weise, in welchen Verhältnissen man in der 2. Hälfte des 18. Jahrhunderts lebte.

Vom Beutesymbol zur Steuerbilanz
Kleine Kulturgeschichte des Rechnungswesens von der Steinzeit bis zur DATEV
Von MinRat a. D. Dr. Alfons Pausch. 88 Seiten mit 45 Abbildungen, 1982, gbd. 24,– DM. ISBN 3 504 01866 6

Gehen Sie mit diesem Geschenkbuch auf eine außerordentlich spannende Entdeckungsreise durch die Geschichte des Rechnungswesens. Vieles spricht dafür, daß die ursprünglichen Grundelemente des Rechnungswesens auf steuerhistorische Ursachen zurückzuführen sind.

Steuern in der Bibel
Von MinRat a. D. Dr. Alfons Pausch und Jutta Pausch. 104 Seiten mit 45 Abbildungen, 1986, gbd. 24,– DM. ISBN 3 504 01871 2

Auch dieses Geschenkbuch lädt Sie zu einer steuergeschichtlichen Entdeckungsreise ein. Wer sich dem „Buch der Bücher" einmal unter einem neuen Gesichtspunkt nähern möchte, wird sich der Faszination dieser auch kulturhistorisch interessanten Darstellung nicht entziehen können.

Steuerromantik
rund um Bettina von Arnims Hundesteuerprozeß
Von MinRat a. D. Dr. Alfons Pausch. 60 Seiten mit 24 Abbildungen, 1979, gbd. 18,– DM. ISBN 3 504 01863 1

Der Hund galt nach einem Spezialedikt von Friedrich dem Großen als Gegenstand des Luxus, und auf diesen war eine Luxussteuer zu entrichten. Der streitbaren Dame erschien dies als reine Willkür, und sie bekämpfte das Ansinnen des Magistrats auf das Heftigste. Pausch schildert in diesem Büchlein amüsant das Drumherum dieses Hundesteuer-Prozesses.

Hakelmachers ABC der Finanzen und Bilanzen
Handreichung für höhere Wesen und Instanzen

Von WP Sebastian Hakelmacher. 3. völlig überarbeitete Auflage 1997, 224 Seiten DIN A 5, brosch. ca. 50,– DM. ISBN 3 504 01893 3

Fachwörterbücher sind gemeinhin spröde und dröge. Nicht so Hakelmachers ABC der Finanzen und Bilanzen. Denn dieses Wörterbuch ist anders. Dank Hakelmachers Definitionen erscheinen nun bereits in 3. überarbeiteter und erweiterter Auflage gängige Begriffe aus Rechnungswesen und Finanzwirtschaft in völlig neuem Licht: So wird aus der Steuerfahndung eine „Ambulanz für Steuerpflichtige, die an Beleg- oder Gedächtnisschwund leiden", aus dem Zielkonflikt „eine Begründung, warum man nichts tut" und die Planung wird zum „Ersetzen des Zufalls durch den Irrtum" erklärt. Ohne Schonung tradierter Auslegungen erhalten Sie mit dieser „Handreichung für höhere Wesen" unkonventionell Nachhilfe in der betriebswirtschaftlichen Begrifflichkeit.

„.... Die (vermeintliche) Dürre des Bilanzrechts verwandelt sich bei Hakelmacher in eine üppige Vegetation voller Blüten und Dschungelgewächse. Dies ist in höchstem Maße amüsant..."

Hans Konradin Herdt in Börsen-Zeitung 148/96 zur Vorauflage

Karte des Steuerlandes
Eine farbige Phantasiekarte

Von Dr. Hans Martin Schmidt und Wolfgang Raquet. Aktualisierte Neuauflage 1983, 29 x 40 cm. Plano 9,80 DM, ab 20 Ex. 9,10 DM je Ex., ab 50 Ex. 8,80 DM je Ex., ab 100 Ex. 8,50 DM je Ex., ab 250 Ex. 8,30 DM je Ex. ISBN 3 504 01903 4.
Auf 16 mm Holzplatte kaschiert jeweils zusätzlich 13,– DM. ISBN 3 504 01904 2.
Im Format DIN A1, auf Leinwand handkoloriert und gerahmt, 185,– DM inkl. USt. zzgl. Versandkosten. ISBN 3 504 01905 0.
Die Kosten für den Namenseindruck betragen 70,– DM für jede Menge.